你的內在其實很強大

HUMAN NEW WORLD

人類新操作系統3——與高我一同創造未來

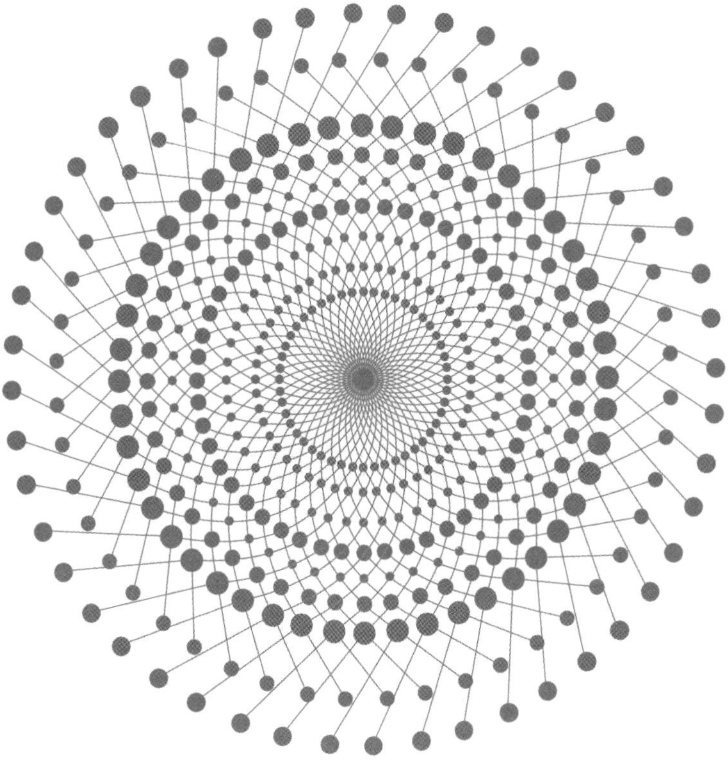

鍾荃因 Doris 著

目錄

推薦序

☆「美麗心靈」創辦人、「小樹傳愛」萬人小巨蛋活動發起人 Dammy 老師

Doris 老師最新大作《你的內在其實很強大：人類新操作系統 3──與高我一同創造未來》在眾多家人殷殷期待下出爐，終於滿足了大家的期盼！

【人類新操作系統】在台灣與東南亞都非常成功，Doris 是許多人的靈性啟蒙導師，擁有廣大粉絲與支持者，很榮幸我也是其中一員，所以她的新書問市，我當然非常高興，熱烈推薦。

我因為推動「二〇一八台北小巨蛋萬人活動」和 Doris 有了全新的連結，透過 Doris 的引薦，我們成功將台灣「小樹傳愛」運動推動到馬來西亞，在當地引起熱烈迴響與大篇幅的媒體報導，而且吸引許多僑胞組團回台灣參加小巨蛋活動，這就是信任、直覺與高我合作的結果。最後祝福【人類新操作系統】所有家人在這本新書引導之下，人生更輕易、更豐盛、更圓滿。

☆大寶科技股份有限公司董事長 張韶芹

跟鍾老師認識三年多了，當初是因為她對腦電波科技的興趣，一起合作探索腦電波與潛意識的祕密。合作的過程中，看到她對新科技保持著高度的興趣，並且研究跟人類潛意識、心靈轉化提升有關的可能性，不斷作出詳細的解釋。

這種對科學與心靈的關聯的研究，近幾年在國際上蔚為風氣，許多頂級的科學家以及宗教家都投入這一塊研究，這個研究領域叫做 **Non-Framework Non-symbolic Mind Transformation**，一種沒有框架、沒有符號的意念轉換科學，是一種能跳脫宗教的形式，跳脫符號與偶像崇拜的形式。用平易近人而且前後一貫的文字描述心靈的狀態，而不是複雜的寓言、代號、名相，甚至某些關鍵時刻才可以解開謎題的口訣。鍾老師在這個領域，用非常精煉的文字以及嚴謹的邏輯，描述出了現代科學與過往人類以宗教探索心靈轉化之間的關係。

歷史上每個宗教的教主或是偉大的偉人，似乎在出生的時候都有吉祥的徵兆，或者是某些神聖的預言。他們的生平似乎多也應驗了預言，按著神話般的起伏完成了他們的使命。可見，每個人後面還真的有一個高我，遠遠地看著我們，在地球上完成著我們的使命，就像演一場戲。

而平凡的我們，出生前沒有國師的預言，出生時沒有天上的彩虹和風中的香味，長大後沒有護法不斷地在我們身邊加持幫忙。當偉大的教主因為這些預言徵兆，而對自己有信心的同時，或是他們天賦異稟直接可以跟神連結的同時，平凡的我們，是否還是有一個偉大的高我、自我的高我或是集體潛意識的高我，在後面加持著我們，等待著我們的呼喚？

每個人都有偉大的使命，不管再平凡，都有一個偉大的使命，就是：在平凡的生活中，能讓身邊的親戚朋友感覺到愛。信心和溫暖都是偉大的舉動。當一個平凡的人讓其他人見證平凡中可以創造偉大，尤勝於偉人創造偉大。

最後，當一個人從與高我的連接中，找到了自己的偉大之處，就會發現，自己其實並不平凡。因為當人發現自己的心念可以超過對於過去、現在與未來時間上的執著，就能發現遠方的高我，未來的信心直接能加持到現在的自我，讓現在的平凡直接變成偉大。

再次感謝鍾老師這本書，讓每個人能找到自己內在的偉大。

作者序

這是【人類新操作系統】的第三本書。延續前面兩本書的內容，我在寫這本書時，心裡只有一個意圖，就是想把「高我」介紹給更多的人知道，並落實在生活中，就像是人生的導師與生命的導航者。這麼多年來，我一直在分享自己與高我的共同創造，從我分享與高我合作的故事中，愈來愈多人被激起了想認識高我、想連結高我、想跟高我合作的渴望，於是我又創造了一件與高我合作的事件：開始著筆寫這本書。來來回回間，那麼多年下來，我與高我存在著什麼樣的關係？對我而言，高我又是個什麼樣的存在？高我對我們的人生，有著什麼樣的影響力？高我能幫助我們什麼……我想一定很多人想知道。

為了要讓更多人使用到內在的智慧與教導，與高我合作，我花了不少時間，不斷觀察和研究，我不知道自己是否有機會找到適合的工具、方法或路徑，若無高我的協助，今日不會有【人類新操作系統】存在。在他人眼中看起來平常到幾乎沒有價值的三件事，從高我的教導中蛻變出來，有時候連我自己都驚訝不已；特別是在我聽到學員們回饋出來的改變和心得，心裡怦怦跳的震撼，只能說，不得不佩服高我的智慧。很高興自己有這個機緣取得高我的教導，並分享給有緣的朋友們。

我喜歡看著學員連結到高我的感動，那眼中的淚珠和笑容，是支持我一路走來、沒有放棄的主要支撐力。我希望調整人們過往的舊認知，以為「高我存在遙遠的一方，與自身分離」的誤解，在進行【系統】的鍛鍊時，在生活中真實地體驗到高我的存在。

不管是宗教裡的神，或是心裡面信仰的大師、古老的傳承，跟我們現實的生活一直是一半幻象、一半想像的狀態，對於是否真的能夠完整落實自身力量、創造理想的現實人生，多數人還是停留在模糊不清的階段。

命運的枷鎖並非相不相信的問題，是根本的信念，只有真的體驗到一次，至少一次，「我自己是能創造的」那樣的經驗，你的意識世界才會打開一個門或窗，讓不同的光照進來，讓你看到自己身處在何地。

我的這個身體被高我使用著，在生活中去獲取高我需要的題材和經驗，然後整合為知識或課程。在覺知中，我帶著觀察的視角，既是經驗者，也是觀察者，生活中除了睡覺之外，我幾乎完全被抽離到另一個獨立的視角與位置中。有時候我會羨慕可以投入在戲劇角色裡的人們，有時候我又必須喚醒他們，讓他們知道這都是小劇場而已，不是真的。

要怎麼樣才能讓生命的價值無限可能的擴展延伸？

靈性跟神的世界是什麼樣貌？
我來到這裡是要做什麼？
我有天命或使命嗎？
我可以實現所有的願望嗎？
我的未來如何？
我這一生有可能成功嗎？
我會遇到自己的真命天子（女）嗎？
我有靈魂伴侶嗎？
我可以創業嗎？
…………
寫不完呀～～～人類！！
「每一個點和提問，都有機會可以得到高我的答覆，重點在你心中有沒有指定的結果，如果有，那麼是得不到回應的，因為我們把自己限定在某個特定的時空中了。」這段話很直白，每一個字也都看得懂，但……怎麼做到？
呵呵，這就是我每一天的生活重心，不斷取材，不斷經驗，不斷與學員互動與觀察，不斷傳送高我需要的內容和資料，然後接收高我整合之後的直覺和行動指令，最後執行，落實為經驗。

每一次，我會從執行這些指令的過程中，又獲得另一個層次的經驗值。我體驗到可以有不同的路徑到達，甚至不需要那麼複雜的過程。高我給出的訊息和直覺指令，開出另一個全新的路徑，我在逐步完成的過程中，深刻地領悟到「無限可能」這句話的真義。高我的這些教導，除了提升我自己之外，同時也被我分享出來。

週而復始，日復一日，這樣與高我互動已經將近十年。我是誰呢？是被附身嗎？是被操縱嗎？哈哈，說真的，早期也這樣想過。但是這麼多年下來，我的生命一直在擴展，我的人生一直在跳躍，我的靈魂一直處在豐盛的頻率，我的現實品質愈來愈高，我的眼界與格局愈來愈深遠。這就是我的真理，我實際的體驗，我這麼多年來的生活。

至於連結高我的方法呢？當然在【人類新操作系統】裡，根據不同的應用面，我們能夠從各種模式達成連結高我的目的。這本書有點像是我這麼多年來的回顧，想要完全都寫進來，當然不大可能，因為太多了。但是在臉書粉絲頁裡，我會不定期將高我的教導分享出來。生活嘛，就是一直過下去的……直到盡頭。

想更了解高我的朋友們，跟著我一起來玩玩高我的世界吧！

前言

如果你在Google大神輸入「高我」兩個字，會出現大量的資料在談論著高我。看到這些資料，我不知道你會有什麼想法？這些海量資訊，我自己都眼花瞭亂。對我來說，網路上傳的資訊，與我實際跟高我合作的經驗相比，很難有完整的對應和印證，我無法說那是真的，或是不實的，我想傳達的是生活經驗。到底高我有著什麼魔力，只有親自體驗到了，才會明白與分辨這些資訊的真偽。我分享與高我合作的經驗，是希望人們用實際的角度經驗到高我，而非想像。

每一次閱讀學員們的課後學習追蹤調查表，裡面比例最多的就是：想要透過人類新操作系統的學習連結高我。這一點，刺激我開始去回想，自己是在什麼情形下連結上高我的呢？

時空回到九年前，第一次看到「高我」這個名詞的時候是在二〇〇九年，我為齊瑞爾大師寫《預見未知的高我》推薦序，那是我與高我的初接觸，也許這本書就是送啟示與訊息來給我的。寫完推薦序之後大約一年，我原來經營的身心靈組織開始產生變化；再經過一年，我離開了，放下所有的一切，舉辦了三場告別式，與舊的世界道別，然後經歷了量子跳躍。

如今回頭去看這麼多年來與高我合作的轉變和創造，我的人生故事好像有不少傳奇色彩，很多不可思議的轉變與際遇，真實地發生在我身上。這些奇妙的機遇，從此與我的生命結緣，為我帶來全新的體驗，顛覆我原本對生命的認知。我從舊的生活圈子離開，到一個全然陌生的環境，每天接觸的人事物，沒有一樣是我所熟悉的；因為不熟練，一天下來，大多數是被直覺帶著走，大腦過去輸入的資料和指令，有一半用不上手。這個過程開展出我從來都沒有想像過的未來。

對我來說，「高我」是個傳奇的創造者，把我帶到了另一個世界，讓我親身體驗，什麼是轉移到另一維度的平行世界。因為這些際遇，我改變了舊信念。在正式為創造力命名為【人類新操作系統】之後，我才明白自己練就了點石成金的「煉金術」，啊～～原來這就是生命的無限可能！頓悟和明白，透徹了我的心，一切的不可能，其實都來自「有限的觀點與思惟」。

記得二十九歲那年，父親突然車禍意外過世，帶給我無法形容的衝擊。我不知道人為什麼要活著，既然每個人都會死，而且不知道什麼時候會死，那努力了半天，就像父親一樣，說走就走，留下了尚未償還的債務給我們，帶著事業失敗的遺憾離開，人生到底是什麼？神又有什麼作用和功能……這是當時我在心裡向天怒吼的心聲，這或許是我變成如今這個角色的起點。

我在三年後劃開了一條界線，從此真正踏上探尋之路，而「高我」可能就是我心中強烈渴望要得到答案的回應者。如今我已經知道生命存在的目的，就是「體驗」。我了解生死只是一個旅程的分界點，要讓生命永恆存在的唯一方式，即是不斷地經驗，就算是輪迴，也是生命為了延續而發生的循環。

因為高我，我體驗到了量子跳躍，勇敢地跨出熟悉的領域，將高我的教導從課堂延伸到職場與生活之中，以一年的時間去驗證自己的創造力，從生活吸取更直接的元素和題材。這一連串的發生和開展，就像部小說，我在和生命玩耍，我的伴侶是高我，一個住在我心裡面的指引，是力量的來源，精神的寄託，情感的歸屬，安定的基礎。

因為「高我」的存在，我有絕對的信任允許自己做出更巨大的決定和選擇，有足夠的氣魄創建不凡的人生體驗，接受現實的挑戰，度過人人都會經歷到的挫折與阻礙，卻能一路穿越種種考驗，讓創造的力量愈來愈強大。我相信這些都是人們想要與高我連結的誘因，但我只是從個人收穫的層面來談，我所付出的代價和心智的粹煉，才是這本書裡的真意。

期盼想要與高我連結的朋友們，能夠透過我的些許經驗，了解這一條走向創造的道路可能會經歷的過程。或許不一定是全部，因為每個人的性格不同，生長背景與環境都是影響因素。我是以分享的心情，這裡面如果有些許教導的意味，可能是自己長年來的習性所導致，並非刻意，還請讀者們寬容接納我個人尚在進化之處，一起成長；也期望能主動回應您的體會與心得，能讓我們交流彼此的心。

高我的話語是另一種思惟
高我的建議是另一種挑戰
高我的安排是另一種驚喜
高我的存在是另一種生命
而只要有機會觸及
就表示有機會連結
更顯示有機會實現
機會有百分之五十在你身上的

一開始，高我就像是另一個神，在我的認知裡，是上和下的關係。當我有所求的時候，我會誠心誠意又謙虛的祈禱；但是事與願違時，就會對高我發脾氣，在心裡面做無謂又好笑的抗爭，卻沒發覺都是自己想的。不是用合作的心態，而是把該做的事交給高我，然後以為高我會神來一筆地就幫我完成了；不知道高我是什麼樣的存在，也不了解原來高我是合作的對象，目地是在擴展自我的經驗層次，提升靈魂的品質與頻率。

我花了很長的時間來調整自己這部分的心態，也用了數不清的跌跌撞撞才換來如今對高我清楚的定位。因此，想要連結高我的人，也一定會經過這個階段，至於在這個階段會多久，則因人而異。

這過程對有神、無神論者而言，沿路的風景不同，但最終要去的目的地卻是一樣的。這很有趣，條條道路通羅馬，再怎麼衝突矛盾，經過了風風雨雨之後，就能匯聚了，這顯示著人生只不過是經驗一場，來這裡也只是為了要用身體去經驗而已。

曾有一次，我心裡出現下面這段話。這是高我在向我提問，這段話讓我開始思索著，自身對高我的心態，是不是總在事情無法解決的時候才會想到高我？是不是總以為高我是在滿足我心裡所有願望的存在？是不是在我們心裡認為高我是無所不能的……

在你的心裡
高我是另一個被人性拿來當作神使用的對象嗎？
你向神祈禱，因為在深根底的意識中你是人
你無法成為自己的神，因為在深根底裡不敢稱自己為神

那麼你所有的修煉和努力
只不過是在證明一件「你本來就是人」這件事
何必多此一舉呢？

經由這個提問，我才看清自己原來是這樣在與高我互動。當我想逃避挑戰時，高我就會是我很合理的轉移對象；想要他人聽從時，就對外表示這是高我的意見；不想改變時，就希望高我能實現自己心裡本來就覺得不可能的任務……這些都是我不正確的心態，當我沒有拿掉這些舊的制約時，高我的力量，我絕對用不上的。

所以，重新建立有高度的人生觀，是連給高我的重要階段。我們會在各種衝突裡快速成長，一次又一次劇烈地推翻自己，跌倒了再爬起來，愈練愈勇，愈練愈熟悉，直到「高我」擁有了我們全然的信任，才會進到與高我合作的階段。

高我不會以解決問題的方式來協助我們
只會以超越現狀的模式實現和更新

這是我多年來的心得，因為從來沒有一次會有重覆的模式，就算是做著同樣的事情，也一定有不同的路徑到達，這就是高我的獨特之處。每每遇到瓶頸時，頭腦裡的慣性就會判讀為不順利，事實上這是舊物質世界崩塌的現象，只是沒經驗，認不出這是高我的傑作，於是急著要高我協助，將一切扭轉過來，照著我們認為的「應該」前進，順著頭腦裡的認知發展，誰知道，這只是一場與高我的對抗，舊有自我與高我間的戰爭。

當然，用舊的自我在未知的領域，只能束手無策，就算過程充滿驚心動魄的情節，內心承受的煎熬無法形容。但也就是這個過程，自我在撥雲見日的那一刻，產生了對高我再一次的臣服與交托，而信任也是經由這道程序建立起來的。

現在，你還會想要連結高我嗎？有足夠的信心把自己打掉重組，經歷數不清的自我推翻嗎？這過程很精采，也很驚險，卻可以獲得想像之外的豐盛禮物。如果準備好了，那我們一起出發吧！

第一章

碰觸高我

人生，就是來經驗的。

‧高我的人生觀

對於人生，每個人都有獨特的觀點。人生這回事，你是帶著怎樣的信念在活？你的信念裡，是否能握有主導權？你的人生觀能否達到你想到的人生，實現你的夢想？

人要離開本來高度，從更高的視角看。說起來容易，要怎麼做到呢？就算是有高我的存在，又要怎麼使用到高我？我相信每個人都會有這樣的想法出現，我當然也不例外。從高我所在的位置來看人生，是怎麼一回事？

人生，就是來經驗的。
經驗沒有分好的、壞的，就只是經驗，
就算痛及靈魂，也都一定會讓你有所體悟。
這是神的愛，
不會因為做了錯誤的選擇，經驗到不好的事件，
就萬劫不復，無力回天。
靈魂需要經由身體去經驗，取得感受，
才能算是圓滿；

只有在心裡想，
沒有行動，沒有結果，
都會成為遺憾，存放在靈魂的檔案中，
而這就是人類所說的課業，
也是促成下一次劇本的題材。
要能跳脫不斷重覆的輪迴，
就是不斷去經驗，
在經驗中找到自己的真理，
就能前往下一段旅程。

這段高我的話語讓我回頭看自己。對於經驗，我有很多限制，不想要那個，不想要那樣，不想發生那種事，不想要自己的人生變成……我相信大多數人跟我一樣，對人生經驗有很多害怕，卻又想得到很多。不願意付出代價，看到他人失敗的過程，就躲開，擔心自己也會這樣，於是這個也怕，那個也擔心；看到成功的人擁有這個、擁有那個，又燃起心中的欲望。即使頭腦裡都知道，成功之前會經歷不少的挑戰與失敗，在我們眼中可見的生活裡，卻沒有人看懂。當選擇踏上成功的道路，我們害怕的事物，就是這條實現夢想過程中會遭遇到的劇本！

生命的真實樣貌是什麼？只想要經驗到成功，在成功之前需要經歷到的挑戰和考驗，通通不想要，這就是人的心態。高我這樣直指著我的懦弱，於是大多數人都不容易成功，一輩子都在閃躲，表面上在追求成功，事實上，所有的行為都走在逃避失敗的路上。

這是我的人生觀。在這樣的限制性信念裡，因為人人都這樣想，所以我也毫不懷疑的就這樣認為，從沒認真思考過，高我提出來的那一個面向。

我以為自己努力，就是盡力；我以為自己付出的夠多，就值得擁有我想要的成果。如果沒有，怨天尤人的本性就會出現。找人頂罪，把我心中的自責轉移出去，看看哪一個倒楣鬼，接收到我投射出去的能量。順理成章的認為，我會失敗就是因為某某人、某某事，這樣才能讓我心安理得的在夜裡有個好眠，日子過的下去。只因我無能為力，命運不好，運氣不佳，沒有貴人，沒有背景……這些都是我看不到的自己，無能與逃避的藉口。

在高我掀開這道帷幕之後，不敢相信自己就是這樣的人，還自認為人生已經夠苦了，經歷的事情夠多了，結果呢？痛苦就是這樣產生的。

高我的參與，不只一次讓我見證到自己的真相。數度跌落深谷的事件，我終於看見了另一個我。那個既害怕又嚮往的角色，在我還沒有認出來之前，就像敵對的兩方；反應在現實生活中，我所看不慣的人事物，均在透露著跡象，只是我完全沒有意識到，那個就是我自己的一部分，只是角色立場不同。

我以為自己不會是那樣的人，換成我，絕對會如何如何地想像；事實上，自己根本沒成為那樣的角色過，也從未經驗到那樣的事件，都只是用嘴巴在對抗和反對。這就是我，也是大多數人。打掉重組，完全巔覆舊有的認知，蛻變成另外一個人，是高我的安排嗎？可以說是，也可以說不是。

在人的社會中有一套標準，人人順著那個標準過一生，鮮少有人能提出自己的價值觀是超越這套標準的。我們不敢用自己的人生經驗來向世界宣告心中渴望的願景，只想活出大家都想要的生活，取得被他人認同的現實，博得他人羨慕的眼光，然後在假象的讚許中，自以為是正確地過完一生。

曾有個研究，針對一千位年近八十歲的老年人做調查，想了解他們對於自己一生的體悟。雖然每個人都有說不完的故事，但卻有一個答案全都一樣：他們後悔年輕時沒有去實現心中想要做的事情，以至於這一輩子留下了遺憾；如果有機會再做一次選擇，他們會不再浪費寶貴的生命，去追求人人以為正確的事情，即使不會有完美的結果，但至少曾為自己的渴望和夢想努力過。

全球幾十億人口中，我們有沒有勇氣成為那少數突兀的人，用自己的生命換來可貴的經驗，留下連靈魂都會感動的故事呢？我相信人性有一部分渴望，一部分害怕，在恐懼和渴望的拉扯下，到底哪一方會贏得最後的勝利呢？心裡渴望經驗到的事物，被頭腦裡的聲音驅趕躲藏，不斷尋找可以一路順暢、沒有考驗和挑戰的方法路徑，就為了盡全力避開阻礙、考驗和挑戰。用了半輩子的精神力氣，實際上或許我們一直是個叛逃者，從沒真正投入生命之中，去體驗自身的力量。

關於人生，高我提供了一個視角和觀點來讓我醒思。我要怎麼重新做人？我要怎麼選擇？重點是，我為什麼要思考這些問題？如果生活沒有面臨黑谷，一切順遂，誰會花時間去正視！所以呢？當然一敗塗地、一無所有、失去一切……就要發生，源起於我們想要比現在更好，想要擁有比現在更多。這就是一切的開始，我們的意圖和初衷所導致的結果。

很顯然，高我跟我們之間有一大段距離。在看事情的觀點上，打開另一道窗，我可以選擇接受，然後相信，並且落實下來；也可以當成廢話，不予理會，繼續用自我的認知過下去。這麼多年來，幸好我不只一次地跌落黑谷，若沒有這樣，我不會真的靜下來思考。

在跟高我對抗的點點滴滴中，其實是一場又一場的內心之戰；高我至今能夠成為我生命之中的力量，就是用這些經驗灌溉起來的。用人性來看，不會有人想要經歷到這些，我若沒有如今的成就，這些故事就只是人們口中談論的八卦，什麼量子跳躍、閉關，都成為我失敗和逃避的藉口，這十萬八千里的差距，只是一線之隔。

‧高我存在的意義與目的

在人生尚未到達盡頭的那一刻，

思考看看，

你們可能花一輩子的努力來讓自己跟其他人一樣，

有房有車有錢有成就，幸福又快樂，

這裡面只有一種情感需求：「被羨慕的成就感。」

高我這句話又讓我震驚了！被同情，被羨慕、被支持、被肯定、被攻擊……啊～～～

他人的眼光，我活在他人的眼光之中，我所害怕和所追求的，都是因為他人的眼光！

在被羨慕裡，藏著集體意識的價值觀，

一套共同的標準，成為人們努力的準則。
這套標準矮化了生命的可能性，
驅使人們放下夢想，變成機器人，
忽視心中的感受，
放棄擁有靈魂的生命，
成為被輸入指令行動的人工智慧，
運作著他人給出的期許，
活著他人給出的要求，
努力做出他人希望的答案。

這個思惟，開啟我用另一個角度來看自己。從過去到現在所追求的事物，發現真如高我所言，但我心裡卻希望活出自己，期望擁有自己獨特的價值，不想變成沒有靈魂的機器人，卻沒有辦法很具體的說出自己想要成為什麼樣的人。

原來，過去的我，根本不知道自己真正想要的是什麼，就只是茫目地跟著大多數人的選擇前進。認真地去回顧與深思後，才發現，找到人生方向和目標是最重要的事。這個念頭激起我心中的渴望，啊~~突然間明白，原來這就是渴望：「我好想要體驗這個心願喔！」

「目標」對本來的我來說，還停留在業績和績效的層面上，除此之外，我好像很難對「目標」有更具體的了解；人生目標對我來說，當然直接就是賺了多少錢之後，環遊世界、買房、買車……升等生活水平。這是我過去的以為，現在很多人還是跟過去的我一樣，也認為這才是正確的，認真努力讓生活過得更好，生命就有價值與意義。從物質的層面看，是這樣沒錯。

網路上常有很多實現夢想的新聞，步入老年之後才開始精采的人生故事，總是吸引著我。活出精采，沒有遺憾，是藏在我裡面的心聲。

我喜歡坐在窗門觀察人：來來往往的男女老幼，哪一個是為夢想活著，哪一個是努力過日子，哪一個垂頭喪氣，哪一個又是充滿活力……我發現，不管幾歲的人，所謂的人生目標或心中的願望，起頭也許只是小小的接觸與嘗試，並沒有特別去設想或計畫；自然而然，跟著心中的感覺走，不知不覺，就可能走到了某個令人驚豔的位置。一回頭才恍然大悟，我是怎麼走到這裡的？

我跟高我的合作就是這樣。一場巨變中，人心會覺得自己像被放逐的人，未來在哪裡？怎麼辦？這是靈魂已經都迷失的人，不清楚這其實是覺醒的過程。人性只有經歷著現實追趕，內心升起想脫離痛苦、擺脫困境的渴望，改變的力量才會冒出來，不斷吶喊著：「我不想就這樣繼續下去。」這時候看到任何機會，根本沒資格談喜不喜歡，只能全力以赴，因為要生存下去。

我就是在那樣的心情下，對人生才開始有了不同的想法與態度，懂得什麼是謙虛和柔軟；在生命面前，初次有了「誠懇」，就在我三十五歲那年。

踏入靈性圈子，並不是我連結高我的時期。對於生命的探索，那時期的我仍在靈魂覺醒的階段，沒有高我這個名詞，較多談論到的是天使、指導靈、高靈……等新時代的語言與思惟。連結高我是在我離開靈性圈子之後的事，因為我從靈性幻象中覺醒，看清自己的某些迷失，覺得生命的最終實相應該還有更大的可能性，於是我選擇出走，那時候高我才出現。

高我，不是靈魂，高我是「意識」，沒有感受，感受來自於靈魂，靈魂裡設定的劇本是高我的創作。要解除舊劇本，拿回生命主導權，連結高我，與高我合作，可以說是舊劇本已經接近圓滿；在某個層面上，靈魂需要經驗的部分接近完成，這跟人世間的成就無關，就只是靈魂層次上的設定。這是我大量接觸學員的狀態後所觀察而來的心得與體悟。

我自己也發覺，接觸到【人類新操作系統】的人，靈魂的旅程多數是相當豐富的，人間的各種考驗幾乎都有嚐過，或許在自我的層面，沒有那麼清楚地知曉；但是隨著【系統】的引導和鍛鍊，開展出神經元之後，就能運用這份知曉帶領自己前進，與高我合作，共同創造出心目中想要體驗的未來。

高我存在的意義和目的，是在幫助自我擴展生命的經驗質感，讓生命的價值無限可能地開展。在與自我合作的過程中，高我會明確地給出直覺和行動指令，自我若沒有帶著信任，對高我給出的訊號沒有回應或行動，那麼絕對不可能取得高我想要帶給自我的突破與體驗。高我的未知，有如蟲洞效應，無法被預測，也無法被掌控，並且瞬息萬變，從「『直覺』有時效性」這一點就能得知。不走舊的信念路徑，打破限制與框架，自我如果沒有足夠的信任，絕對會被高我的手法嚇得魂飛魄散。

幫助自我活出無限可能的生命價值，如果是你內心所渴望的，那麼與高我合作一定能實現你的願望。高我不會主動干預我們的選擇，沒有與高我合作一起創造，舊的劇本仍在進行，學習者可以回到原來的模式，生命依然在前進；只是有了高我的參與之後，我們的路徑就會完全脫離既定的軌道，對習慣運用頭腦思惟的人來說，高我是不按牌理出牌的挑戰者。

二〇一一年量子跳躍的前幾天，我做了一個重大的決定，選擇對生命放手，沒有任何的企盼、要求、執著、堅持；但不是放棄，而是放手，帶著信任，把自己完全的交出來。在心智的層次上，那是一種「即使結束生命我也不怕，願意跟著高我去到任何地方」一的宣告。

不只如此而已，我真的為自己舉行了三次告別式，親自去體驗與所有人告別的過程，送走了全部的衣物和珍藏，只留下隨身可用的簡單生活用品，家人跟著我體驗著我的道別，孩子在經歷著母親即將離去的考驗。我不曾深入去述說這段過程，但因為有那些經歷，現在的我與家人之間，充滿感恩，家族成員感情融洽親密，我們珍惜著每一天的生活點滴，兄弟姐妹全家人一起參與【系統】的推動，共同支持互助，為美好的創造投入生命的力量。

我的人生在高我參與之後，有了傳奇性的發展，每一年都在經歷著量子跳躍，飛躍式的進步與成長。看在他人眼中，我像是扶搖直上的幸運兒，完全不會遇到阻礙和困難，需要什麼用想的就會實現。然而事實上是如此嗎？是的，沒錯，以我個人而言的確是如此，就算有短暫的困境出現，那也是因為「我必須要和團隊成員們同步提升」必經的調整過程，只要找出那道阻攔的意識之牆，我們全體轉念，瞬間即撥雲見日，新的道路展開。

從高我的角度來看，每個人都有其可以承受的最大限度。在每一次的跳躍中，自我內在的力量會隨著跳躍的經驗增強，創造的能力提高，能創造出來的可能性與結果也愈大，所以基礎的鍛鍊是相當重要的階段。我們在每個階段陪伴學習者，在操作中分享我們走過的點點滴滴，期盼更多的人擁有自主人生的能力，學會運用創造的本能。聽起來很令人心動，是吧！

高我在【人類新操作系統】團隊和學習者心中，是活生生的存在者，擁有著力量，擁有著信任，擁有著我們不斷傾注的能源，化不可能為現實。如今，我們將這些經驗一點一點的帶給社會大眾；在分享中，我們的價值被強烈的看見，靈魂蜂湧而至前來，等待我們的經驗傳承，讓更多個體量子跳躍。

．高我的世界裡，沒有神！

在人類的集體意識中，存在著相當多「不可能」的限制性信念，認為神無所不能，人做不到的，神一定能做到；人性把內在渴望的完美投射出去，用意識塑造出了救世主。雖然每個人都想擁有神的能力，找各式各樣的方式學習探索，想與神同行，想受到神的恩寵與愛護，想依靠神的力量無所不能。在努力靠近神、模仿神的路途上，沒有人會去思考神的思惟：「在遇到人的請求與祈禱時，神會怎麼做？」

人，只有在遇到失敗的時候，才會想到祈求神的協助，這是一種把神當成為人類擦屁股的思惟。人和神不同之處在於：人向神求取力量改變，而神則是使用力量改變現實。

當我們向神祈請的時候，我們就做出了人的決定，在根本的意識源頭上，祈求的行為就是「我本身沒有力量，需要神來幫助我」的宣告。這個觀點可能會刺激到很多人。如果願意花點時間來思考，觀察自己在祈求時的心情和態度，就會明白我所言不假。更真實的另一個面向是：神是否知道你是用這樣的心態在祈求？若是神知道，那麼神會怎麼做呢？

神會用事件來鍛鍊，也就是我們現實生活中的考驗。當我們想要有錢，來的不會是錢，而是機會，我們要靠自己的力量去判斷和選擇；當我們想要有自信，出現的就是挑戰的機會，我們在這些機會裡被鍛鍊出自信。這是神的做法。

過去我以為神是要保佑人民平安健康，當我的父親車禍意外過世的那一刻，我憤怒地去向神質問，為什麼沒有盡到神的責任？怎麼可以讓我的父親遇到這種事！我認為神根本不存在，生命的價值與意義，在父親過世的那一刻，徹底崩塌。我不想努力，不想工作，不想積極，因為我不知道什麼時候神會來帶走我或是其他所愛的人，反正總有一天會死，那麼活著做什麼？

看看那時候的我，多麼憤世嫉俗啊！或許就是這股力量，將我推進靈性探索的道路，造就成今日的我。

高我跟神有什麼不同？跟高我合作那麼多年，我明白一件事：在高我的世界裡，沒有神！因為我們自己就是神，高我協助我們成為真實的神，所以提供了跟人不一樣的觀點與視角，來讓我們自行選擇；一但有了決定之後，高我會用直覺給出訊號，只要願意照著直覺去行動，就一定會用完全想像不到的路徑和方式來獲得新經驗。從小地方開始，從生活細節開始，我們從根基打起，徹底推翻舊有的信念，以實際的體驗突破框架，擴展再擴展，延伸出去，化為力量，體驗到自己就是創造者，也就是「神」！

人們對自己和生命了解的太少，
限制了生命的廣度和深度，
看不見自己的實力，
就會放大對生命的無知。
穿著肉身的靈魂，
踏上人生的舞台，
選擇從子宮誕生的你，
為的是讓生命沒有過去的枷鎖和綑綁，
來到全新的世界，
根本的意識才是你最原始又真實的核心樣貌。

如今的地球，
人類覺醒的程度終於到達臨界值，
可以學習用意識能量創造現實的進化階段，
這是靈魂一直以來的渴望，
所以稱之為美麗的時刻，
是這個地球有史以來意識覺醒最精采的世紀。
這是量子跳躍，也是生命無限可能的展現。

在我的第一本書《人類新操作系統》中有稍微提到各種不同層次的內在聲音，簡單分為小我、自我和高我。

▲小我：是沒有真實體驗過的知識。這個層次的展現模式通常是假如、不過、但是、也許、萬一……

▲自我：是實際發生的經驗，所以比小我強大又堅實，是守護信念的層次，同時也是大多數人最巨大的敵人。這個層次的展現模式通常是應該、必須、需要……

▲高我：是具有前瞻性的思惟，但尚未成為實際的經驗。這個層次的展現模式通常是以直覺的形式傳達出來，若是我們能察覺到直覺的出現，並且帶著信任去行動，就會

獲得自我不曾有過的經驗值，進而對生命有不同面向的了解。在這過程中，自我會因此被擴展，甚至發展出自我引領與教導的內在智慧。

高我，並不是提供情感支持與慰藉的角色，更不是活在神話故事中的擬人化對象。當一個人內在的情感沒有被滿足之前，很難完整運用高我的力量在生命之中。人們必須明白自己就是神的化身，內在擁有顯化一切的能力，再加上有效的方法鍛鍊，就不會是難事，人人有機會經驗到這樣的自己與生命。

為了擴展自我，高我總是用自我無法想像與接受的形式將事件帶入。自我在想盡辦法、窮途末路之際，放下頭腦的控制，臣服後才將禮物送達，讓自我明白，一切的擔憂和恐懼都是由自己所製造出來的假象；事情的可能性被我們有限的思惟介入，變得複雜又困難，當頭腦設計的過程走完，才得以看見事情的真相。

經過一次又一次的鍛鍊，我的思惟變得愈來愈單純，所以我的創造很輕鬆，幾乎是毫不費力的應用。當然這是外人看起來的表面，我的內在仍有一個運作的過程，需要相當精微的覺知，用心的能量去創造，一個念頭發送出去，順理成章的到達。《人類新操作系統》就是把這個過程整理成方法的一本書。隨著學習的人愈來愈多，這套系統被傳播出去，我在沒有刻意創造的情形下，實現了無數靈魂的渴望，造就如今的團隊和我。

在向高我學習的這些年，保持覺知的「我」，在自我與高我間來來回回，用三句話來形容：「身入其中，以身試法，置身事外。」穿梭在意識流裡，我能清楚看見想法的流動，也能感知到自己對什麼樣的想法產生反應，心裡面在運作著什麼，頭腦裡想控制住什麼，這過程都在「覺知我」當中一覽無遺。這是我多年鍛鍊出來的能力，若沒有高我的參與教導，根本不知道原來修煉是這麼一回事。主動為自己製造事件，沒事找事，鑽牛角尖，打破沙鍋問到底還不放手，非要有個說服自我的理由出來，否則就會死纏著，逼自己困在裡面；再加上愛面子，根本就是往死裡打的性格。這是我的修煉過程。骨子裡反叛的部分，激發出核心的生命力，推動著我不斷前進，這特質可以說是優點，也可說是缺點。

在繼續往下一個章節前，我們要先來了解「覺知我」的存在。這是連結高我的橋樑，沒有覺知我，高我就像幻影，是自我的敵人，也是自我無助時的依靠。在連結高我之前，「覺知我」需要被培養起來，才不會迷失在混亂的思惟裡。保持覺知的習慣，才能經由觀察者的存在，改變量子場域的質量，重組粒子結構，轉換物質世界的現實，創造出內心渴望的人生。

▪ 覺醒後的副作用

曾有人問我：「覺知和觀察不一樣嗎？」

表面看起來好像沒什麼不同。長期養成覺知習性的我，了解到「觀察」是立於「覺知」之上的一個存在。舉個例子來說：當我們看到自己的情緒，那是「覺知」看到了，接下來呢？

看到了不是就可以決定要不要繼續下去嗎？我很自然地做出反應，沒想到聽的人卻說出我想像不到的話：「我看到自己的情緒不好，可是我沒有辦法，因為那時候整個人被情緒控制住，想到不發脾氣都不行。所以我有覺知，卻因為覺知到自己的情緒，反而更不舒服，自責自己……」

醒了痛苦，不如不醒的好。當覺知到了自己所不願意看到的真相時，沒有對應接下來該怎麼做的指引時，這種覺醒帶來的副作用，可能是我們沒有想到的。或許有些人不會遇到這種情況，而出現在我面前的人，正在讓我看到一個現象：原來還有人會遇到這種阻礙。

我在這當中思考了很久：是什麼原因，看到了卻無法做出任何改變？到底是哪裡出了錯？後來，高我點破了一個微妙的關鍵，原來是「觀察」。

覺知在內，觀察在外。覺知在感受中，觀察在思言行中。保持覺知的人，若失去了觀察的視角與位置，更容易陷進去感受當中，於是不舒服的負面感受反而加據。當我讓學員練習著覺知，同時還要觀察自己在覺知中做出的舉動，一次兩次之後，學員們開始有了轉變，從覺知中看見感受；而觀察卻讓他同時看到了自己接下來的行為舉止，就能仔細地看到什麼舉動帶出什麼結果，而進一步覺醒了，改變的力量由然而生。

這就好像是一個坐在船上的人，知道現在船要駛向錯誤的方向，卻無能為力轉向；當觀察者出現，表示多了一個角色在岸邊，可以提出協助，拋出力量，幫助在船上的人轉變方向。不管在船上或在岸上，雖然都是我們自己，而這個觀察者提供了不同的視角和作用，覺知在裡面，觀察在外面，裡應外合的搭配。

高我提供出來的建議，真是太棒了！讓我看到了另一個面貌。在精微中，高我是如此地細膩與用心，透過我的眼睛取得學員的現象，透過我的心感知學員的心境，然後透過我的大腦，整合出方法，傳達出來，讓我去執行與分享。我在高我的教導中學習，學員也在高我的帶領中，回饋他們的成長喜悅給我。

這種身心平衡的鍛鍊與修煉，建立在相當細微的層次。改變需要力量，而觀察與覺知的共同合作，才能將覺知的層次提高，從另一個位置找出客觀視角，幫助我們建立多維度的思考模式。這樣的練習會開展出不同的神經元連結，一旦養成習慣，接下來會發展出靈活的理解力、專注力、同理心、換位思考的能力，單純的覺知仍會處在主觀的場域裡；換言之，「覺知」是內在裡面的運作，而「觀察」則是將覺知的面向由內在延伸到外在的思言行。

觀察自己，觀察他人，觀察事物，觀察自己與外界的互動……觀察的層面相當廣，從觀察中可以獲得很多豐富的經驗。帶著觀察的視角生活，會讓生活起很大的變化，許多偉大的發明與創造都來自於觀察，用眼睛看，用心體會。在觀察的鏡頭下，世界有如萬花筒，提供千變萬化的可能性，當然也儲藏無限商機。

而高我的存在也不例外。「覺知」是自己對自己做的功課，但是當我們要跟高我連結的時候，「觀察」就非常重要，因為高我就是這樣在看著我們的。想真正理解「高我」是什麼樣的存在，建立觀察習慣是很重要的關鍵。

但只有「觀察」是不夠的，因為要經由「覺知」來錨定內在的頻率。一開始我並不清楚高我的運作模式，所以很自然地就會把高我當成另一個精神導師，把情感的需求和依賴轉移給高我，遇到事情時，我總是覺得自己跟高我斷了線，或是被高我拋棄了；若不是保持覺知和觀察，發現是自己的執著，困在情緒和感受裡面，才會無法接收到高我那個意識層次的訊息，我永遠都會停留在舊有的認知裡面。

當我們鍛鍊保持覺知一段期間，這樣的大腦神經元就會被養成，進而發展為自動上線運作的能力。【系統】用慢行和書寫的方式來讓學員做鍛鍊，從中養成神經元的開展，就算課程結束，這個能力依然會在學習者的生活中自動展現。

在覺知中的我，能清楚地把自己穩定在一個水平上，不會隨外境改變或動搖。其實大多數人都知道這個好處，只是，要用什麼方法有效率地鍛鍊出這個能力？最熟悉不過的就是靜坐。這需要長期的練習，過程面臨的種種挑戰，我相信不用多說，只要有嘗試過的都知道，這不是可以加速完成的模式。為了找到符合現代人需求，不用花太多時間，又能堅持到底，順利完成的有效方法，高我用「慢行」來作為【系統】鍛鍊之道。

‧用「慢行」建立與高我連結的橋樑

慢行，不是走得慢而已，而是一種全身心的放鬆，由裡而外，呼吸、心跳、情緒、感受、想法、身體的反應，這些都是在慢行時要進行的觀察點。學員在慢行後要書寫觀察紀錄，然後上傳到學習的群組裡，讓指導老師了解每個人在慢行後的轉變，才能提醒需要注意的地方和回覆學員們所遇到的問題。

有的人以為「慢行」就是行禪，其實是完全不一樣的鍛鍊，因為在慢行的過程中，絕對不進行刻意放空。在慢行時，因為身體的動作緩慢，心思的運轉速度也會跟著身體動作改變，這時大腦的波頻從β波轉換到α波；再加上要以觀察者的位置進行觀察點的記錄，就能讓慢行的人在這個過程中，看見自己由緊張到放鬆的真實反應。

現代人與自己相處的時間太短，真實的自己在社會的價值判斷下，被沉重的形象與面具壓的無法透氣。我的妹妹長期處在這種情況下，得了幽閉恐懼症，她的靈魂被頭腦和性格控制住，所以最後身體就生病了。在【系統】的鍛鍊裡，現在完全恢復正常，而且還相當有活力，從家庭主婦變成公司的執行長，負責整個公司營運，對內對外，很多事情都由她一手包。我做我專長的事情，她則處理我不擅長的部分，兩個極端性格的姊妹，從小連洗澡時都會打架，到如今形影不離，走遍各地，相互支持。多虧了高我的引領，才有如今的我們。

慢行，成了學員們量子跳躍的第一站。一開始覺得困難、做不到的人，最後幾乎都會愛上慢行，愛上與自己在一起的三十分鐘。慢行被要求在戶外進行，盡量找樹多的公園或場地，因為我們要開展出可以接收喜悅能量的神經元。

慢行最主要的目地之一，是開展新的神經元，再來是鍛鍊敏銳的身體感知。慢行的動作著重在腳的步伐上，要先從腳根、腳掌、腳尖慢慢著地，可以完全接收到腳踩踏在地面上的感覺後（腳踏實地），再換另一個隻腳；重覆腳根、腳掌、腳尖著地，這樣穩穩地一步一腳印前進，每一次維持三十分鐘。慢行時不交談，不聽音樂，也不需要刻意

α波的世界

放空（不是行禪），而是保持觀察，觀察自己的身體平衡、呼吸、心跳，以及頭腦裡出現的思惟，心裡面的感受，就算是有負面情緒，或是心裡面出現不好的念頭，都只需要觀察即可。

學員會在慢行這三十天當中，看見自己很多舊有的習性與限制性思惟，當新的神經元開展出來，就會接收到不同大腦波頻的直覺或靈感。學員透過保持覺知和觀察的狀態，清楚又具體地看到自身思惟的流動，而產生信任，獲取內在智慧的指引，在生活擁有高尚的經驗品質。由內在到外在，整體接受慢行後的洗禮，對講求快速的現代人而言，這個鍛鍊被應用在個人、家庭與職場企業裡，帶來相當大的幫助與改善。

慢行一次的時間是三十分鐘，持續三十天，重心都是以自己為主。結束後，書寫記錄觀察的內容，這樣為一個循環。中斷了，就要重頭再來，因為神經元突觸的生長，如果中斷再重新進行的話，原本長出來的部分會停止，並另外長出不同部分的新突觸。

很多人以為每天走一小時，就會比三十分鐘長的快一點，或是每天多走幾次。但是身體並不是這樣在運作的，特別是大腦的神經細胞，我們白天有白天要進行的事項，神經元開展就像新生兒，會需要多一點時間休息，過度開展會覺得疲憊，影響到白天的作息。只要每天三十分鐘，晚上的睡眠品質就會提升，然後白天的精神良好，這樣才是優質的循環。

神經元開展的初期，身體會有些反應。通常是後腦下部會出現腫腫脹脹或刺刺麻麻的現象，有些人白天容易想睡（就像新生兒一樣，每天有很長的睡眠時間，就是在讓神經元有充分的時間生長），手掌或手指會有刺麻感。有些人長期精神壓力過大，也會在慢行的時候呈現嚴重的想睡覺；睡眠品質不佳的人，也因為慢行而有了轉變。這都是因為腦波切換到放鬆頻率所導致的身體現象。

每個人有不同的身體狀態，在慢行的過程也會有不同的反應，【人類新操作系統】第一階的「目標研習營」提供學員一個月的輔導，根據學習者上傳觀察紀錄，了解每個人神經元生長的進度與狀態，讓學員知道自己是否能接收到不同波頻的訊息。

身體為了配合這個動作，會自動生成新的大腦神經元；再加上這個緩慢的身體動作，腦波會切換為放鬆的頻率，當腦波轉換後，身體的細胞感知也同時因為放鬆的狀態而被喚醒，可以敏銳地提高五感的反應，增強第六感知。很多人提到轉念的能力，也會因為神經元開展之後，自動產生正向轉念的能力。

在情緒的切換上，每天跟自己相處三十分鐘，漸漸回到自己的核心，而有了不小的改善。慢行的好處很多，只有親自去慢行的人才能領受到這份美麗的禮物；特別是有長期靜坐習慣的人，也會因為慢行提升了更多覺知，因為慢行需要在戶外進行，植物的能量會刺激接收 γ 波的大腦神經元生長。養成習慣之後，每個人都有機會成為喜悅的源頭，由自身內在自動湧現。

慢行的循環以三十天為一週期，愛上慢行的人，會在三十天循環結束後，休息個幾天，再開始下一個循環。也有的人因為時間的關係，在第一個循環結束後，遇到瓶頸，或覺得自己有點不穩定時，可再進行幾天的慢行，讓自己回到中心點，因為慢行中會很輕鬆容易接收到直覺與靈感，對很多人來說，是很棒的一個方法。

「慢行」是高我送來的禮物，幫助很多人獲得身心上的平衡，也大大提升了心靈的能力和頻率。短短一個月的時間，能讓人愛上慢行，也等同愛上了與自己相處。跟自己在一起的這半小時，身體在動，覺知在運作，意識在轉換，細胞在覺醒，身心在做互動，對修煉而言，這是相當快速有效的方法，正好符合現代人忙碌的生活模式。

再加上觀察點的提示，人們會實際體驗到神經元開展完成後接收到靈感與直覺的喜悅，對自己內在本就俱足的智慧產生信心；同時在執行直覺的行動指令時，又獲得了不可思議（頭腦邏輯之外的認知）的經驗與現實回饋。

這種充滿生命力的鍛鍊方法，把我們過去認為的苦修完全推翻，卻又不離實修的根本。在一個小小的動作裡，學問之大，作用之強，完全展露高我的威力。這方法帶著我們量子跳躍，超越傳統模式，引領人們開啟了無限可能的創造力。

經過一個月的慢行之後，覺知與觀察終於合作成功，跟高我之間建立了第一層的互動關係，提升為「自主化演進」的個體，不只能自我教導，也能自我修復和自我提升。以靈性修煉來看，這是相當難達到的境界，卻在慢行中達到。

這時候的高我已經如影隨行了，並且開始參與在我們日常的生活當中，因為學習者已經認得出來，頭腦裡有不同的訊息會出現。而高我的訊息有個特性，就是會讓人感到豁然開朗的輕鬆和自在；再加上神經元的開展，多數人的靈感會不斷湧現，對工作、職場、家庭、人際關係……都開始產生不同的影響力。

第二章

與高我合作

順著直覺行動，結果超乎想像。

·跟著高我「開啟高層次意識之旅」

意識，就在我著寫這本書的時刻，很多靈性團體也開始在談著意識。【人類新操作系統】從二〇一一年在我身上發芽，經歷七年多的鍛鍊，我對意識有自己的觀點與認知；從眾多學習者的回饋裡，我印證了這個觀點，也體現了這個認知。

意識：是想法與感受的合作，也就是頭腦和心靈的組合。

我們所熟悉的潛意識、表意識，以及有意識、無意識，並沒有具體地讓我們明白意識是什麼。佛家談意識，從根本的源頭說起。意識兩字，從物理學的角度來形容，會用粒子與能量來討論，字面不一樣，談的是同樣的事物。

「想法」和「感受」是比較接近生活的用語，「粒子」與「能量」變得專業又遙遠，科學家們還需要一段時間的努力，才能將兩個世界整合在一起。但是在這裡，我只會分享自己的體驗與心得，無法用學術或專家的方式表達，若有部分的說明有違您的理解，或許我們可以舉辦個輕鬆的討論會，一起交流，激盪出火花，來增長彼此。

我曾跟某位電機系的教授對話過，在專家面前，我將自己的體會說給他聽，希望能得到專家的建議或教導，深怕自己的理解錯誤，結果我得到的是頻頻點頭……我想這正確答案可能很難獲得，因為尚在研究中。

隨著科技進步，我們過去以為對的，會被推翻；以為不好的，會變成有用的。這在告訴我們一件事：或許根本沒有正確答案，而是會隨著生命的演進變化。簡單卻深奧的道理，能有個清楚明白的界定，是份恩典，對我而言，對【系統】而言，對大眾而言均是。我以自身與所有參與在【系統】學習的經驗寫下這本書，目地是在分享，期望我們多年共同走過的經歷能提供一個選項，讓有緣的朋友們，在【系統】的方法中成長提升。

想與高我合作

想使用意識創造

想實現心中的願望

想建構利人利他利己的詳和社會

對意識有完整的了解之後，接下來我們要進行的鍛鍊就明確了。

想法來自於頭腦，感受來自於心，「心想事成」這四個字表達的很透徹。人們的行為舉動，幾乎都是由心來主導的，心的能量是頭腦的六百倍，內心的痛苦與快樂，是驅動行為很主要的力量。我們會為了快樂而付出，同樣也會為了逃離痛苦做出改變，這是人性。

十多年的教學經驗，我一直在進行「心」的開發，透過各種不同的教學方法，來讓人們的「心」活回來，讓封閉的心走出來，把想法跟感受做整合，達到身心平衡的狀態，才能面對急速變動的威脅。

針對想法的整治，我們透過「書寫」來做鍛鍊。從觀察想法，到記錄想法，再從書寫的內容中，提列出感受的字詞，讓學習者清楚地看見自己的思惟模式，對應現實生活中的現況，取得「一切都是由自己的意識所創造出來」的體悟；同時再經由「慢行」開展新的神經元，培養高度的覺知與觀察記錄習慣，轉變成本能，最終成為自動上線運作的能力。

這是與高我連結合作之前，一定要完成的基礎鍛鍊。因為高我是高層次的意識，除非我們有高度的覺知，才能攔截到高我傳達出來的訊息，並且是完整的接收到，這是開展新的大腦神經元的重要原因。

高我的作用很多，最有用的地方是「獨特的思惟與觀點」，這能帶給我們前所未有的智慧。完成第一階段的鍛鍊之後，再來才是與高我合作，到達這個階段，能夠讓人擁有超越想像之外的人生經驗，所謂的超乎想像，指的是實現的路徑完全是未知。我知道這對大多數人而言很難接受，所以前面的鍛鍊很重要：首先要培養對創造法則的信任，以及熟悉接收訊息的模式，才能帶著信任在生命的道路上飛躍，取得無限可能的實現。

雖說意識是「想法」與「感受」的結合，由於男性和女性的大腦構造有些許不同，左腦與右腦產生出來的想法，女性傾向情感面，因此想法與感受容易產生交流，這也是為什麼大多數心靈成長課程的學員多是女性的關係。而男性的理性面，把感受忽略了，於是兩性間的溝通往往很難有交集，這讓多數的關係面臨挑戰。

要從意識面來談「關係」，這學問可大了。進到教室裡學習用意識創造的男性們，通常最大的阻礙也在於此：感受與情緒分不清楚，而認為情緒就是感受。我在第一本書《人類新操作系統》裡有單元說明這部分。為了讓更多男性能參與在創造之列，「慢行」提供了很大的幫助；從書寫觀察紀錄中，經由引導，也能漸漸讓男性學員了解到感受與情緒間的差別。

想要學會創造的人，男性比女性多；而能把創造力發揮得好，通常是比較敏銳、有觀察力的男性；表現在生活裡，也是屬於比較體貼的暖男。為什麼呢？因為這種類型的男性，右腦跟左腦比較平衡，能感知到自己的心情。

女性，並非因為右腦的想法，而比較能創造。在我多年的經驗裡，女性的感受跟男性一樣，只是因為女性的感受較容易與右腦的想法達成一致，所以有很多生活的創意與藝術的表現，比例上較多。

感受與情緒的分子結構不一樣。「情緒」屬於比較大的分子，能被具體的感覺到，也會表現在臉上；「感受」則是相當細膩的分子，要提高感知才能觸碰到，否則就要等感受累積到一個臨界點時，轉變為較強烈的能量，到達痛苦的層次，我們才會發覺到。只不過等到痛苦出現，往往這個能量已經蔓延到身體，開始有了病痛。

很多社會事件，都跟情緒處理不當，或是長期壓抑導致的不理智傷害行為有關，不僅傷害自己，還會波及他人，家庭不和、職場排擠、學校霸凌、治安不佳、性侵騷擾……有時候不一定是制度或政府的事，有很大部分的責任，均是個人延伸出來的問題。這些集體意識顯現出來的事件，對人類既是提醒，也是教訓。

這麼多年來，【系統】一直在做意識提升的推動，讓人們學會用意識創造，目地就是想透過學習，讓更多的人懂得意識與現實世界的關係；學員的人數愈多，聚集起來，就能形成更高層次的集體意識。所幸這個方向與目標，日漸增長，朝著我們想要的結果，不斷前進；也看到無數活出自己的學員，用自己的力量發光發熱，面對挑戰依然生命力十足，利用【系統】的方法再接再厲。

二〇一八年，我們會在高我的帶領下，讓新舊意識的比例有機會做個翻轉，這份推動需要有志一同的人們共同創造。用意識能量創造理想中利人利他利己的祥和社會，可以靠每個人參與自身的意識能量來達成，不一定要用其他有傷害性的方式才能實現。

這些年與高我合作的經驗中，我深刻的體會到生命的偉大格局；幾次不同凡響的經驗創造，讓我擁有了傳奇色彩的故事，同時也建構出了獨特的存在價值。在他人眼中的我，是我不曾想像過的，我看著這麼多年來不同學員的發展，心裡的感動無法形容。

不只是我而已，與高我合作的人，都創造出自己想要的人生。經過調查，上過【系統】課程的學員們，目前的生活都在一個標準的水平上，他們知道如何創造更好的生活。幾年下來，熟悉法則的運作，面對困難或挑戰，內在都有足夠的力量可以超越，這是我很樂見的。我們與高我合作的經驗，能讓人們實現心中的渴望，所以接下來，我們開始來操作吧！

．意識的運作

為什麼我想要的都得不到，我不想要的卻逃不掉？

我自己也曾問過高我這個問題，結果高我問我：「你把想要和不想要的放在一個天平上稱重，然後問問自己，想得比較多次的是哪一個？心裡面相信會成真的比例哪一個比較高？你的希望和你的擔憂，哪一個會獲勝呢？」

我發覺自己出來的答案是傾向不想要的。為什麼我明明想要，卻完全沒有力量呢？而不想要的，卻緊緊抓在手中？結果我的思惟路徑原來是這樣：

現在。。。。。。。。。。。。。。。。。想要的結果

假如　　也許

不過　　萬一　　但是

從「現在」出發到我「想要的結果」過程，沿路都是由擔憂組成的風景。在我走完整個擔憂的過程後，我才會到達想要的結果，只是我有辦法堅持到最後嗎？我會在其中一個過程中，又延伸出其他的擔憂嗎？於是愈走愈遠……然後永遠到不了！

我為什麼會有這麼多不信任的東西在心裡面？

我為什麼總會往不好的方向去想？

我為什麼不願意相信事情會朝我心裡希望的發展？

為什麼我非要在過程中加入那麼多阻礙……

這麼多年來，我有一個體會，覺得人人都能當編劇，拍微電影，心裡的小劇場要是都能寫出來，影劇的影響力絕對比現在要強大。只是這如果都是戲劇就好了，偏偏並不是如此，而是真實的人生，所以事情就沒那麼好玩了。明明心裡面希望事情可以朝好的方向發展，卻又無法戰勝頭腦裡不斷冒出來的雜念，在混亂的思緒中，陷進去情緒的渦流，原因到底為何？

無法將事情往好的方向去想，
是因為心中多數都留存著不好的記憶和感受；
雖然希望一切都能順利，卻沒有力量去扭轉。
這種現象具體地呈現一個眼見為憑的事實，
內心的力量遠遠大過於頭腦裡的推演。

這是高我的回應。我們活在由思想構築出來的世界裡，靈魂帶著渴望來這裡，體驗將思想化為事實的過程。在每一次的經驗中，靈魂透過感受做出回應，結果我們把重心放在物質上，忽略了靈魂的聲音；即使感受不好，為了生存，為了面子，為了利益，我們選擇把感受隱藏起來，戴上面具，開始了自欺又欺人的社交生活。然後長期下來，心受不了了，因為長期壓抑下來的感受轉變成痛苦的根源，於是我們又開始為了解決痛苦踏上歸途，把之前努力的心血投注在追求心靈的平靜上……

內心的力量如此強大，若是能好好運用出來，幸福快樂就不會是難事。美好的感受會帶來正向的思惟，負面的感受會激發出人類改變的意圖。正面或負面的判讀，若是由心來主導，配合頭腦裡有建設性的想法與計畫，這種心腦合一的生活方式，是相當新的概念，人們可能片斷聽過，或是有初步的了解，要達到落實在生活之中，尚在探索的階段。

所幸，【人類新操作系統】萌芽的時刻算是比較早的，至今已累積不少的經驗，也開發出有效的鍛鍊方法，可以讓學習者用全新的速度出發，運用意識創建出理想的現實與物質。

雖然我們已經知道，意識是想法與感受的合作，但是意識是怎麼運作的？這部分可以說是高我的另一個傑作。我在歷經了量子跳躍，體會到「物質的基礎：粒子」這個真理後，發展出「放目標」的方法。有想法、有感受之後，形成意識，這樣就實現了嗎？當然還有一道程序，而且是相當重要的關鍵步驟。在第一本書裡，我說明了粒子的運動，現在這一張圖讓人們可以一眼就明瞭創造的法則。

物質世界被創造出來的流程

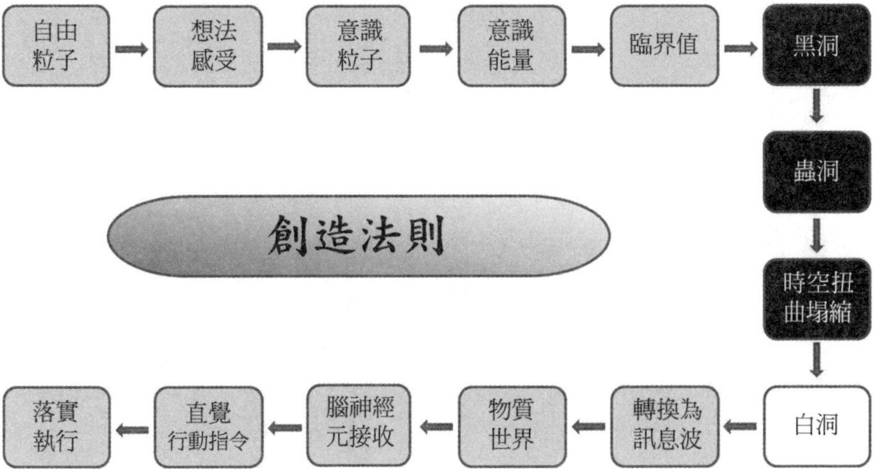

意識，如果用量子力學的技術來操作，會需要一個場域，讓粒子可以跟我們的現實連結在一起，所以，很自然地產生想法的地方，當然就是大腦了。要讓我們的大腦變成粒子運動的量子場域，高我給了我方法與步驟。從科學家的角度來看，可能會覺得很沒有根據，但是我卻從無數學員們目標實現的成果中得到了印證。實際的經驗是【系統】的根基，如果願意跟著我們玩意識、學創造，就照著步驟做做看，或許沒有數學方程式，沒有據數支持，真實的經驗就足以讓我們臣服在這個浩瀚的探索裡。

日與夜的交接，可以是結束，也可以是開始。接連著很多年，我每天晚上睡覺，都是在上課，在夢中被教導，醒來之後，怕忘了，就趕忙用筆記錄下來。長期養成一種習慣，醒來之後不會馬上張開眼睛，會看著腦海裡出現的靈感和訊息，我很自動地就會帶著這些訊息和靈感，做為那一天的教學內容。這樣幾年下來，我就是自己的導師，每一字一句裡，都會為我帶來很實際的生活體驗，來讓我明白教導的內容，自然而然，我的信念也整個的被重置。

「放目標」，就是從這個模式演化出來的方法。我原來舊有的模式是躺在床上準備睡覺，一邊想著白天發生的事，思考明天要進行的計畫，覺知就在迷迷糊糊中消失；早晨醒來，第一個動作就是去上廁所，梳洗換裝，然後出門。日復一日。

高我把我舊有的模式做了調整，在睡前將心中想要體驗的事物，聚焦在具體明確的文字上，然後閉上眼睛，在腦海裡想一遍這個文字目標，帶著輕鬆愉悅的心情入睡；早上醒來，不馬上睜開眼睛，先在腦海中將昨晚放的目標再想一次；接下來觀察腦中是否有出現靈感或訊息，然後張開眼睛，記錄。如果有做夢的話，就把夢境寫下來，才去上廁所、梳洗，若是先去上廁所，就會全部付諸流水，忘了！

每一個看起來很普通的動作裡，都設計得相當縝密，有著我們看不到的學問，絕對不是我這種天生不喜歡細節的個性有辦法想出來的——【系統】裡的慢行、書寫和放目標，都是來自高我之手。將大腦轉換成量子場域，光是這個動作就足以令人稱奇，怎麼會有如此這般的創造呢？

意識在量子場域裡的運動，粒子與粒子間的結構，跟我們的信任有關，愈信任，結構就愈扎實；質量到達臨界值，形成了重力波，黑洞打開將意識能量吸入，穿過蟲洞，導致時空扭曲塌縮，讓白洞打開，將意識能量拋引到物質世界中。由於我們是帶著覺知將目標放入量子場域，所以目標會自動落在頻率相當的時空裡，化身為訊息波，被大腦神經元接收到，轉化成靈感或直覺。如果我們照著去行動，就體驗到目標的實現了。

很不可思議的旅程吧！我最常見到學員放「一夜好眠」這個目標，就真的一覺到天亮，這讓學員們感到驚喜，怎會有如此神奇之事！設定目標，可以說是錨定一個未來，目標實現，就代表我們主動創造一個未來給自己。隨著更多目標的實現，我們對未來的掌握度就愈來愈高。試想看看，這樣的目標實現，帶給人們什麼樣的啟示？

一直以來，我們渴望擁有心想事成的能力，卻總是無法掌握到其中的技巧。高我的這套教學，打開了人們的視野，實際的步驟操作與鍛鍊，最後形成本能，在生活中自動上線運作，成為一輩子的能力。我們在這套教學中會如實地經驗到「成為創造者」的喜悅，在接下來的人生，創造的能力不斷延伸和擴展，影響的層面是無法估算的。

目標的設定，也是門學問，所以進入【系統】的第一堂課就是目標研習營，課堂裡學習著量子場域的遊戲規則，配合慢行的神經元開展，上傳觀察的書寫紀錄。有人短短兩個月，放了七十二個目標，實現了五十六個，這是一對剛結婚不久的年輕夫婦，兩個人同時上課，共同創造，在微課堂上聽他們的分享，看到兩人的關係更緊密，也更了解對方的心思，臉上幸福又甜美的笑容，感染著現場的來賓。還有更多實踐者，現身在不同的分享會中，親自訴說著他們實現目標的經驗與心得。

人生的經驗，
是想法和感受所組合而成的。
好的，壞的，正面的，負面的……
任何經驗都會為我們帶來感受。

對於未來，
有人用感受來編織，
有人用頭腦來計畫。
每一個明天，
有要解決的事物，
有要完成的任務，
有需要處理的難題。
我們用著頭腦思考，
一部分來自於感受的催促，
一部分來自舊模式的想像。
在每一個事件的發展中，
所有的人都在這個模式裡運作，
也不斷用這個模式在創造著接下來的每一天。

高我引領我從這個角度來看人生，我也練習著從生活中去觀察自己，從身邊的人獲得素材，為的就是將高我給出來的教導化為實際的體驗。我在觀察中印證，不是懷疑高我，而是經過這道程序，才能完整地領受到這份力量，在未來的創造道路上，支持著我前進。

當我們帶給學員另一種不同的生活體驗，讓他們在體驗中提升靈魂與自我的層次，不管是物質還是心靈，都能達到平衡。這是高我的目的，讓人們在意識的層次覺醒，將給出去的力量收回來，專注在自身的創造中。創造的法則是以能量和諧共振的模式運作，能立足在利人、利他、利己的原則上。期盼和平美好世界的心願，或許能透過這套方法達成。

‧直覺VS高我

「人無遠慮，必有近憂。」這是一直以來前人的教導，所以還沒想好的，就要先想壞的，把所有可能發生的問題和阻礙都事先準備起來，以免發生的時候，沒有能力去處理和應對。

矛盾的地方是，當我們與高我合作的時候，過程都是未知，要怎麼未雨稠繆？但要是不事先準備不時之需，萬一有個不如預期的事件發生，這該怎麼辦？這是我多年來一直面臨的挑戰，也是大多數人無法跟高我合作的核心原因。我們的信任有多深呢？習慣在頭腦控制的模式下生活，在無法掌握的情況中，人性會亂了套，沒有把握的模式，讓人不安、焦慮和恐慌（這些就是感受），再加上頭腦裡的預設，想法加上感受，不發生都不行。於是跟高我合作的經驗，多數都是驚心動魄的，能夠持續與高我合作的人，變得更少了，高我成了人們頭腦裡的嚮往，卻很難落實。

自我，被人生經驗建立起來的我，有著堅實的力量，是最難打敗的敵人；經驗愈豐富的人，自我愈強大，如果再加上成就和地位，要與高我合作，會有一段不小的戰爭要打。

在西方，人們稱高我為直覺。有人做過研究，近百年來的偉大成功者，有一個共通的習慣與特性——這些成功者都是依靠直覺行動做決策的！這很有趣，沒有用靈性圈子的語言，實際的生活中，人們都在用著。或許不只是那些偉大的人，每個人或多或少都有使用直覺的經驗，唯一有爭議之處，是人們無法完全信賴直覺。

直覺，獨立在頭腦邏輯思惟之外的訊息，並且是一個要立即去行動的指令。從腦海裡「突然」冒出來，這是大部分人對直覺出現時的描述，只不過是，大多數人習慣對「直覺」這個突如其來的念頭進行分析和判斷，而且最後得到的結論都是：不理會這個莫名其妙的念頭，繼續在頭腦邏輯運算下的合理模式中前進。若是有人沒想那麼多，自然而然順著直覺的念頭去行動，通常結果就是獲得了令人想像不到的驚喜或意料之外的收穫。這樣的例子不勝枚舉，經常發生在我們生活周遭。若是有更多人了解直覺，也許人生會有大不同也說不定。

直覺，是有時效性的，就是直接行動的感覺。人們對一個突如其來要去進行的舉動，通常會下意識地做出判斷，不會直接行動的大有人在。結果經過思考之後，超過了時機，得到的結果可能會適得其反，所以很多人無法相信直覺，甚至有一派學說指出，直覺是錯誤的，是不可靠的。

在【系統】的教導裡，有針對直覺做出整理。直覺有幾個特性：

1 不在頭腦的預設和計畫裡。
2 具有時效性，要立即去行動。
3 違反常理或當事者習性。
4 不是靈感，而是具體的行動指令。
5 會在頭腦放空，或不經意的時刻出現。

直覺所帶出來的結果，往往會超乎想像，讓人感到不可思議。若是可以保持覺知，隨時隨地觀察到直覺出現的時刻，然後立即去行動，生活會變得很豐富，充滿故事性的題材；也會體驗到很多非線性的經驗，了解到，萬事萬物運作的原理，其實有很多可行性。

物質世界中大多數的事情本來比頭腦預想的容易，並沒有那麼困難，只是我們習慣順從頭腦裡的邏輯推理，所以對於沒頭沒尾的訊號，第一個反射動作都是忽視或不予理會，因此人生都在有限的框架中運轉。若是有機會學習到直覺的應用，累積的經驗足夠，或許我們的人生就會脫離舊有的限制，有了完全不同又令人期待的未來發展，在人人追求幸福成功的跑道上，可能就有了不一樣的結局。

順著直覺行動，會發現到，與我們本來以為的未雨稠繆是兩個不同的世界，一個在計畫中，一個則完全在計畫外。雖然直覺是不符合邏輯推演進行的模式，卻會一一完成計畫。這對頭腦運作的人來說，是相當大的打擊，重重的攻破本來的認知，限制性思惟在直覺的世界，完全被摧毀。

看到這裡，我要提一個古人的教導：「離開你的頭腦，讓你的心做主。」直覺挑戰著頭腦，讓我們在順應直覺的行動中，一步步靠近了我們的「心」；並不是頭腦不好，或是要放棄頭腦，相反地，我們在重建頭腦的功能與作用，讓頭腦和心一起運作，和諧相處，達到身心平衡的狀態。

出生之後，父母的基因，生長的環境，照護的長輩，在校的學習，職場的鍛鍊……

直到現在，每個人都有屬於自己獨特的創造模式，在創造法則的運作下，擁有不同的創造專長。有人特別容易創造出金錢，有人則創造出新點子，有人適合創造遊戲規則，有人則傾向創造客戶管理……運用意識能量創造，整合了想法與心，對焦思言行，平息內在的戰場，將內在祥和投射到現實世界中，是有可能實現的。

我們從每三個月舉辦一次共聚派對的活動中，就看到了答案。不同時期、梯次的學員在共聚中認識，然後分享自身創造的經驗，在【系統】學習中建立創造的情感，激發出更多不同的點子與火花。不同於一般的團體，在創造的環境中，優質的團隊會自動形成，當然這也是高我的安排。我們是觀察者，看著美好緣分的開展，樂見每一個更偉大創造的形成，企盼能對社會產生影響，大家共同創造高質感的集體意識。

第三章

落實高我的教導

一個想法裡如果攜帶了感受，就一定會實現。

．用創造扭轉現實

剛學會創造的人，總會迫不及待地想用創造法則來改變現有的困境，以為利用「放目標」這個捷徑，就能逃離需要面對的真實。我在引導學員的過程中，遇到相當多這樣的人。

人性上的逃避，自我的控制欲，讓踏進創造國度的學員看到最真實的自己。【系統】這道門上，像裝了照妖鏡，在創造法則面前，全都赤裸裸地呈現，無處可躲。所幸團隊的經驗值夠，不會被學員們投射出來的情緒干擾到，能夠保持覺知，認出學員們的反應曾是他們過去的自己，我很驕傲自己能擁有這樣的團隊。

二〇一八年四月，我們帶著學員出發到杜拜，就在我即將完稿前的這段期間，【系統】的教學從課堂延伸到課外，帶著學員跟著高我去旅行。我在幾天共同相處的行程裡，分享高我是如何引領我創造，因為生活的點滴，只有在一起生活時才有機會分享。這個全新的創造，讓團隊雀躍，光是安排行程這件事，高我的參與，讓負責的旅行社都驚呼：我們怎麼比他們還要專業！連他們都不知道的路線，我們居然知道，而且還拿到資料。所以最後我們決定自行帶隊前往。

其實這個行程對我而言又是個傳奇，也是個挑戰。我認為自己應該先去考察，再帶學員去；但是我又清楚地知道，我有可能只會去一次，因為這次去是要將豐盛意識的物質能量帶回來台灣，所以必須親身前往。正當我的性格交戰之時，突然出現一個人，最近幾個月就住在杜拜，是公司股東的朋友，我們在微信上取得聯繫，將安排好的行程表傳給她，讓她在當地為我們考察，也提出我們希望參與當地 SMCCU 的課程（杜拜的文化理解會），深入去了解與吸收他們的文化能量。就這樣，那位朋友完成了我希望能當地考察的心願，我內心交戰的狀況被消除了。

幸運的機會，總是跟我們在一起。團隊共同創造，讓很多事情變得相當順利，順利的原因是我們不執著在頭腦的設定裡，認出高我的參與，隨時隨地保持覺知，需要調整就立即改變，只要方向和目標不變，就只是順應時勢而已。團隊執行計畫的靈活度相當高，各司其職，信任每一個人都會盡全力，對我們來說，一個階段一個階段地過，取得足夠經驗值之後，大家就會很有默契地知道，要轉換另一種模式前進了。

我是這個團隊的領頭者，不只是我有高我的教導，每個人都有高我，我們會同步接收到高我給出來的訊息，然後互相討論對焦，確定之後，各自去完成高我給出來的指令，最後再整合為一體。沒有冗長的會議，也沒有互踢皮球的不負責任，在高我的帶領中，我們向彼此的高我學習。很多企業都希望打造跟我們一樣的團隊，邀請我分享自己是如何做到的，其實沒什麼特別之處，就只是落實高我的教導，從教室走進生活，取得實際的經驗，讓高我成為生活的一部分。

不知道正在看這本書的您，有沒有發現到「高我」在【系統】中所扮演的角色，是很踏實的存在，深到我們的骨子裡。高我不是我們情感依賴的對象，是合作伙伴；不是虛無飄渺、高不可攀的神或高靈，是參與在生活裡的一份子，是自己內在的智慧；我們信任並接受這份教導與指引，共同創造，實際在體驗著高我。

高我的意識能量，就像股清流，會將我們從混濁的集體意識中跳躍到另一個頻率的現實世界中。只要長期練習，保持覺知地使用高我給出的思惟，落實在生活的每個大大小小事物上，把高我的思惟轉成實際的經驗，就能改變舊信念的控制，脫離原本的迴圈，也等同於擺脫劇本的設定，活出自己想要的人生。

創造是一輩子的事，沒有哪一天學會，或是學到哪一天才會，而是我們天生的能力，只是沒有經過鍛鍊，所以無法掌握並有效率的創造。這需要我們給自己時間，就算沒有鍛鍊，我們本來就在創造，現在加上保持覺知的鍛鍊，就能讓創造的能力更上手、更熟悉，完全不同的人生道路才會因此而展開，發自靈魂深處的喜樂能量，會滋養著我們的心，成為身心和諧的創造者。

我不希望把高我過度靈性化，更不願意人們將高我當成無所不能的依賴和想像。事實上，在與高我合作的過程中，高我需要透過我們取得實際的生活經驗，來累積下一個階段要創造的素材和能量。為了顯化我們心目中渴望的夢想與目標，一步跟著一步，在經驗的層次前進。

高我給出來的訊息方式，有直覺，有靈感，有一語驚醒夢中人的關鍵字，有突如其來的提問，有讓人豁然開朗的明白，還有充滿指引的夢境……這些是高我和我們之間的互動形式。有人會在聽音樂的時候出現，有人在開車時，有人在上廁所或洗澡時，有人在慢行時……多數都是我們比較放鬆的時候出現，而且必須保持覺知地觀察自己，才能清楚又具體地看到這些訊號，進而去執行或接受。

保持覺知的時間夠長，就有更多機會可以覺察到高我的存在，再加上書寫的觀察紀錄，人人都能具體地看見內在智慧的展現。經由有效的鍛鍊，生活中有高我的引領和協助，創造便能無限可能的延伸，擴展出全新的自我，甚至能擁有傳奇般的人生經驗，激勵鼓舞著世人，讓生命的品質與價值不斷提高。

■在創造中體現價值

從前面一路這樣探討下來，讀者應該有些微了解到「高我」大概是什麼樣的存在之後，最重要的就是如何在生活中落實下來。至少到目前為止，有幾個可以窺見高我蹤影的特徵，能協助我們更靠近高我，進而摸索出每個人與高我互動的模式。

在生活中，無時無刻，我們都能使用到高我的力量，但絕對不是遇到問題不能解決的時候，才求助高我幫忙。必須要養成一種習性：在任何行動和決定之前，向高我提問，然後靜下來用心地思考一下。當我們這樣做的時候，就是在獲取高我的意見，這也是一種鍛鍊，培養我們與高我之間的默契。高我參與的愈多，是來自於我們的接納，給高我機會，這過程中，自我與高我的比例會漸漸達到平衡，距離就會被拉近，高我就不再是頭腦裡的想像，而會成為我們生活中可以使用的參謀和力量。

所以在落實高我的過程中，新舊信念的拉扯，必定會產生一段不小的鬥爭。自我為了不失去掌控權，會對高我發動攻擊，針對高我的觀點提出質疑，有時候還會產生極大的憤怒來對抗。這些過程每個人都會經驗到，就算我把所有的經驗都分享出來，每個人走向與高我合作的路途上，依然無法避免。

如果你不知道我說的是什麼，就以「活在當下」這個主題開始好了。

什麼是活在當下？我本來以為的活在當下是指：不去想未來、過去，就只有現在，一切交給神，上天自會有安排！

高我總是要我活在當下，但是第一個會讓我產生疑惑的觀點，就是經常會搞不清楚：我是該活在當下，還是規畫未來？對未來沒有方向和目標，每一天活在不知為何活著的迷茫裡，既沒有活在當下，也沒有未來。

有了方向和目標之後呢？計畫永遠趕不上變化，我總會混亂，總會陷在兩難裡。難道想著未來，就是想太多？活在當下的時候，就只有現在，那麼我什麼時候可以想未來，什麼時候要製訂目標？我在努力朝著目標前進時，到底有沒有活在當下呢？

我的觀點與高我給的建議在衝撞著，充滿矛盾。這時候要怎麼給自己找出一條活路？是要忽視這種心裡矛盾的現象，還是深入去了解這當中的吊詭？我是個喜歡鑽牛角尖的人，當然不可能放過這個機會，一定是徹夜不眠不休地在腦袋裡撞來撞去，陷在這個漩渦裡面，一定要鑽個洞讓自己出來才行。這就是我的慣性模式。

撞來撞去，我會找到正確答案嗎？

正確，其實是指我心裡可以接受的答案，也有可能不一定是「正確」。這就是人性很無聊的地方，說穿了，就是說服自己而已。在這裡面一來一往地運作著，有心情起伏，有情緒變化，有煩燥焦慮，有失神發呆，都是因為自己總是這樣，不放過自己，緊逼著自己往死路裡打；在每一個信念裡，跟著高我對抗，跟著高我辯來辯去，最後呢？當然是說不過高我，哈哈哈哈哈……

雖然說「幸好，高我也是我」，但是自己心裡居然也會產生一種不服輸的不甘願感出來，你說，這是不是有病？自己跟自己打，打了半天，輸贏只有自己知道。而「我」

為什麼會被說服？說服我的又為什麼是「高我」？

其實，當下跟未來會有衝突，
是因為你把這個認知放在時間的介面上做比較：
如果離開這個觀點，
「活在當下」指的是用心和專注，
並不是去想著未來的規畫時，
就表示你離開了當下。

你在規畫未來的時候，不只是用頭腦去想而已，
要增加一個介面進來：
用「心」去思考，把感受帶進來，
問問自己，這是不是自己想要的未來？
讓感受提供意見，讓心參與，
用心去觀看自己是否對這個計畫產生熱忱與力量。

這個回答你接受嗎？這段話讓我進入另一個階段的思考，另一個層次的理解，然後我的矛盾被解除了，我不會執著地鑽進去，會願意用另一個角度重新看待自己本來的認知。未來我知道怎麼活在當下了。

這些話讓我有豁然開朗的感覺。諸如此類有限的思惟與認知，讓我經常把自己困住，陷在情緒不安又焦燥的狀態裡，浪費了時間和精神，最後呢？還是僵在原點。而高我的出現與存在，一方面是我的不放棄，另一個部分就是我的覺知與觀察。寫下這段話之前，我不會知道這是來自高我的訊息，也多虧我有書寫的習慣，否則這些來來去去的想法，多如牛毛，根本無法被我發現到，更不可能百分之百的確定。

這是相當重要的一環，在日常生活中，無時無刻，我們的腦海裡不斷有想法出現，是經過書寫之後，不只一次的回頭去看，我才看到高我訊息的亮點，也才有機會證實我們的內在是有多麼浩瀚無垠。這就是高我的教導。

當然這些話會在我平靜下來的時候才會出現，不是在我瘋狂暴燥的時刻；甚至可以說是跟自己打到筋疲力盡，頭腦完全放下控制之後，才有辦法收到高我的訊息。而且我必須寫下來，因為這些字會在我重新出發之後，被放到倉庫裡，直到我又再一次被現實不好的經驗踢進來，如果沒有寫下來，我去哪裡找？明明記得上一次的教訓，卻怎麼樣也忘了自己是怎麼過來的。

當我們建立書寫的習慣，就有證據，也能提醒我們，讓生活變得更有覺知。在記錄中給自己留下歷史，不是只有在頭腦裡面，而是能化為力量的經驗紀錄。

高我，在跟我對話的時候，會產生第二人稱，用你、我來相稱，因此當我發現心裡面有你、我的兩個立場出現時（通常要寫下來的時候才會發現，如果只是在頭腦裡一來一往，很難會發現到這個介面），就是高我的訊息進來了。我相信「生命的無限可能」這句話對很多人來說，或許是知識，也可能是理論以及想像……但是對我來說，卻是真理，實際經驗到的人生。

要怎麼說呢？以人生高低起伏為例，從高峰到谷底，可能一夜之間；但是從谷底到高峰，可能就難上加難。然而在我身上，高峰和谷底就像是A點和B點，無論是A到B，或是B到A，我都能快速到達。我所講的不是內在心靈的層次，而是現實世界的轉變。

舉例來說：

1 我沒有申請過國家政府的輔助案，卻在第一次寫計畫書，就獲得政府SBIR一百多萬的輔助款。

2 我不需要中樂透大獎，就有人會直接送錢給我，資助我去完成夢想。

3 我歷經兩年的閉關，與社會完全分離、脫節，卻在出關不到半年，設立了要完成夢想的公司、有屬於自己的產品，並且同時國外經銷商和團隊自動出現。

4 我沒有經營公司的經驗值，卻能讓公司在高我的帶領下，第一年就走到海外市場，即使過程中遇到大大小小的挑戰，都能在高我的協助下，穩健的經營，並且業務量不斷擴展中。

從第一個政府輔助案這個事件來看，我一路執行高我給出來的直覺，不管是計畫的內容，還是撰寫計畫書，高我都有相當妥善的安排，例如遇到經驗豐富又很用心教導的教授；創新的點子當然也是來自高我，我只是一一去落實，沒有絲毫的懷疑，一個直覺跟著靈感，一次就完成並通過。這對我來說，是自然而然且順理成章的事，之後我還受邀到宜蘭跟其他的廠商分享自己的申請經驗。對於申請可能不會通過，或是內容不夠創新，我完全沒有想過，因為我專注在高我的教導中，也用心去領受自己在這些過程裡的點點滴滴。

第二個天上掉下來的禮物，是我在量子跳躍之後的創造。我希望下一段人生，可以體驗到含著金湯匙出生的感覺，不用為了實現夢想努力賺錢。雖然量子跳躍後，我還是原來的樣子；但現實生活中，卻真的有人像長輩一樣，把錢拿給我，要我去做想做的事，只要對人類有正面意義，能幫助人的事，都行。

這些只是很小部分的提列，還有很多大大小小的事情，都用我想像不到的方式，穿著奇蹟般的外衣來到我的生活中。若是我沒有保持著覺知，我可能會覺得自己是天生的幸運者，受到上天的眷顧，別人努力一輩子，用盡所有的心力和精神追求的事物，我卻往往從天上掉下來。這是什麼原因？而且不只一次！這種神奇的情況，只有我自己知道，因為每一個機緣，都是因為我放了目標，來自我的創造，與高我的合作。

我想，在這世上，有很多人都想獲得成就或擁有特別的機運，而我的創造讓我一而再、再而三地擁有特別的好運，是因為我已經知道物質世界運作的機制、如何從無到有的流程，只要經過鍛鍊，是可以完全用意志去掌握的！

在我的人生中，三十五歲之前，年輕有自信，靠的是年輕時的本錢；過了三十五歲，我失去所有的一切，連最基本的自信也消失無蹤。成為如今的自己，絕非我的夢想，也不是當時三十五歲之前的我能想像得到。一路走來將近二十個年頭，回頭去翻閱回憶的檔案：我是否走在正確的道路上？我是否順著自己的天命？我是否實現著靈魂裡的設定？我是否照著上天的指示前進……說真格的，只能用目前自己最真實的生活來回答，只有這十多年發生在自己身上的真實經歷，才是最實際的結果，不是嗎？

不管我知道多少天文地理，只要無法實現在我的生活中，無法變成真實的經驗，對我而言，都是沒有意義的。因為我清楚，靈魂來這裡，就是為了要親身體驗、學習，必定是從觀念開始；但觀念再好，只要行為舉止沒有落實，就會變成「說得到、做不到」

的人，懂得很多大道理，卻對自己的人生無能為力，那麼道理也只是道理，完全發揮不了作用。這是我從很多人身上觀察出來的現象，我沒有覺得好或壞，而是不想把自己變成那樣的人，我對實際發生的事情比較有興趣。高我對我的教導，必須要用實際的經驗來讓我臣服，否則我的性格，就是打破沙鍋問到底，鑽牛角尖也要鑽出個洞、得到答案才肯罷休。

很多人問我連結高我的方法，想知道我是怎麼連結高我的，事實上，方法來自我的生活習慣，是從我日常生活中的作息提取出來的。高我對我的觀察，截取我的生活經驗轉換為素材，把我眼中認為再平常不過的習慣，變成無限可能的應用。透過高我的引導，這個生活習慣讓我時時刻刻都在學習之中，並且還能活出想要的未來，創造出渴望的人生。

把方法分享出來的初期，我經歷了很多人的質疑。因為思惟性格不同，同樣一個動作，每個人會遇到的狀況百出，高我帶來不同的個案讓我學習，累積運用這個方法引導的經驗值。這過程中，我將自己完全解體，變成一個一個小小的零組件；我一閃即過的動作，對於他人而言，就像是驅散藏在細節裡的惡魔那樣，破解了很多人的迷失。

自從【人類新操作系統】誕生之後，我更深層的運作模式被提煉出來，就為了讓學習者更有把握地使用系統的教導，讓每個步驟變得輕鬆簡單，不需要過多的解釋和說明，每個人都能做到，只要照做，自然會在操作這些步驟裡，取得每個人需要學習到的作業；並且從這三個方法中，為自己找到答案，為自己解惑，為自己開創出一條全新的道路，活出全新的人生，擁有不斷超越巔峰的自己。

這三個簡單卻充滿學問的方法：

1 走路（慢行和觀察）

2 書寫（塗鴨和下載想法）

3 放目標（在腦海裡閱讀和學習）

（更具體詳盡的操作及細節，編列在《人類新操作系統》一書的內容裡，也會定期舉辦相關的課程，縮短學員操作上的摸索期。可以從臉書粉絲頁或是人類新操作系統的Line@ 裡面獲得最新的資訊。）

我在外面學習、上課的經驗相當少，高我是我這些年來的導師；從高我的教導之中，我一次又一次地從祂的提問中被迫清醒過來。要說高我是怎麼教導我的，精確的說法，應是透過高我的「提問」，我從中得到不同的觀點與看法。嶄新的思惟來自新舊信念的衝撞所產生的火花，更高的視野與格局來自長期以來接受與信任高我的思惟與建議。

每一個經驗都在提升自我，也在擴展我對生命的認知與了解；在實際發生的每一個轉變中，我在新經驗中取材，在新舊交替中培養出新的素材，變化對我來說已經成了習慣。

對相同一件事情，我會隨著內在頻率的領悟與提升，產生不同的看法；會有這些看法，是來自高我的提問。我在很多提問中找到自己固有信念的衝突與矛盾，也從高我的提問中看見根深蒂固的執著與制約。如果我沒有相對的信任，我會在高我的提問中陷入混亂，也會順從小我的擔憂與恐嚇，逃回自己所熟悉的黑暗之處，至少那樣的選擇是我有把握的，不需要勇敢地面對內心的恐懼，更不需要承認內心裡的逃脫。

前面我已經提過自己有個打破沙鍋問到底的鑽牛角尖性格，透過高我的提問，我從一團混亂中清醒，知道自己那麼強烈的反應，在自責與對外指責裡發現不自覺審判的信念，口中雖然說沒有對錯，其實心裡用著極細小單位的規格在審判著自己與他人。從開始不想承認「全部都是自己創造的」事實裡，一步一步漸漸接受這個真相：原來我是這樣在攻擊著自己，與自己對抗，殘害自己，逼迫自己拿出最強大的武器做捍衛，同時又覺得自己很脆弱，需要被呵護。這種受害者舔傷口的舉動，總能搬出一堆大道理，合理化自己的行為舉止，譴責他人犯了不可原諒的錯，導致自己不堪的處境……這些都是我曾有過的旅程。

在高我的照護下，我赤裸裸地呈現出來，一絲不掛地站在鏡子面前，不願承認那個真實的自己。這樣的混亂期不知經過多少年，直到自己再次與自己相遇時，才恍然大悟地明白，原來這就是「不懂得愛自己」的行徑。

這個領悟讓我得到很大的禮物，因為我可以輕易地認出每個人在傷害自己的行為，把陷在痛苦中的人拉出來，真正去學習用心愛自己，疼惜自己的心；甚至還發展出情緒掃毒的課程，幫助人們用簡單自助的方式還原情緒的真相，轉換負面情緒為動力。於是這個創造讓我獲得更多收入，幫助更多人開心快樂，不被情緒控制，甚至還開發出不同的天賦與才能，走出創作之路。

從自身的經驗成長，轉化為生命的意義，進而造就了物質的價值。高我帶給我的不只是心靈層次上的提升，我的物質世界也因為【人類新操作系統】而走到國際的舞台上；學員們正向的回饋，帶給我小小的成就與知名度，我的人生故事、生活經驗，幾乎每一樣都能變成金錢。將高我落實到物質世界後，我所接觸到的，物質生活無憂、經濟狀況有餘的人居多，漸漸地發現到，有錢與沒錢的人，其實問題都一樣，因為人性的需求和對情感的依賴，核心沒變。

高我一直在幫助我對焦內在與外在的落差，從外在的狀態來讓我觀察，覺得需要再提升或調整之外，我會回到內在創造，跟高我合作，然後顯現出來。就好像我在現實生活中玩拼圖，發現缺了一塊，就回到裡面去找、去創造，然後再拿出來把缺口補上。

‧用信任累積高我的力量

尋找自己的過程中，多了高我的協助，我才能離開小我的思考模式，漸漸養成從更高的位置觀察事情的來龍去脈，而不是進去事情的裡面糾纏。好處是能幫助我跳脫，也能讓我不受到舊經驗的控制。這樣持續好多年，我對高我的信任，一點一滴造就了高我在我心中的力量，只要想到高我，力量和希望就會自動地在我的裡面出現，對我想要實現的事情，有很大的幫助。

【人類新操作系統】是由高我親自教導與發展出來的一套方法，整合了相當大量學員的經驗值，收集豐富的回饋與觀察資訊（透過我與外界互動的生活經驗而來）。為了採集這些數據和檔案，我有好多經驗都是來的莫名奇妙，不知道自己為什麼做這些事、去那些地方、看這些事物……後來漸漸了解，這是高我在收集經驗的能量，為了創造出提升人類意識並符合現代人生活模式的有效方法，來讓人類實際體驗到創造法則的存在，讓靈魂的渴望可以透過系統的方法實現。

用意識創造現實，對人類而言是陌生的。過去的經驗中，能夠自主創造人生的案例成為人們熱議的角色，因為那些人都是成功者的代表，也是生命的勇士，可以跳開集體的價值觀與限制，擁有感動人心，激勵生命的力量。

高我每次給出來的一段話，都會刺激我從另一個角度去看、去思考，然後再回顧自己一路走來的歷程。我從高我給出來的字詞中發現，高我並不常使用形容詞，簡短的文字中能感覺到一種力量在敲著，在推動著，好像有答案，又好像有指引，重點是這裡面沒有溫情，卻有溫暖，不是我們想像或以為的有情感的流動，卻能感覺到希望與豁然開朗。這是我的觀察。

從這些觀察中我也學習到一件事：人與人之間的相信，大多數是建立在情感的層次，而高我卻完全不在這裡面，人性有情感面的需要，高我沒有。說穿了，就像是意識與能量，因為同頻共振產生出來的一連串訊號，然後被我們大腦的推理邏輯運算能力解讀出來的內容，就像人工智慧那樣。這個明白讓我漸漸養成了不從情感的層面去祈求高我的支持，也培養出真正客觀的能力，不進入故事的情節之中。幾年下來，我不再有情緒上的困擾，卻又能同時感知到他人內心的變化，都是來自於這些鍛鍊。

我也發現到，當我「願意放開」對事情帶著特定結果的期許和要求時，我就能接收到更高視角的觀點與方向，從而發展出不一樣的思惟與想法，當然最後的行為舉止也有了不同的選擇與決定。能夠一路走來堅定不移地前進，靠的是我不斷累積與高我合作的經驗。

信任的力量並不是一開始就如此強大，而是日復一日，剝開一層後往前一步，再剝開一層，看到限制性的信念與思惟，認出沒有保持覺知的內在感受，打掉重組又打掉重組。直到現在，我依然有可能會因為未知的來臨而產生恐懼，而我心中長期建立對高我的信任，讓我清楚恐懼出現所代表的意思：正有一個巨大的未知在我的前方，舊有的自我已經接收到那個訊息波，大腦無法判讀，所以發出警告的電流，通知這個身體，前方有不明的狀況。

幸好我有豐富的經驗，不會被這種混亂帶走。這時候的我，會盡量讓自己放鬆，守護住自己的心，維持在穩定的頻率之中，只要持續前進；大腦不再感到威脅時，舊有自我放鬆警戒，就會撥雲見日，情況從未明到清晰，我心中的恐懼也自動消除，這就表示我超越了恐懼，戰勝舊有自我無法控制的不安，前進到另一個不同頻率的平行世界了。

當我們移動到另一個平行世界，就會有新的人事物進來生活之中，展開不同的經驗之旅，得到不一樣的生活體驗，靈魂裡豐沛的能量讓我擁有滿滿的生命力與活力。「Doris的高我真是太強了」，這是我經常聽到的話，在他人眼中，我的創造永遠不會失敗，輕鬆又容易。同樣一件事，只要有我參與進來，就會順利進行，完全沒有任何阻礙；換成別人，就完全不一樣，不是這個出問題，就是那個沒辦法……一大堆要處理的事情層出不窮。為什麼會這樣？

在學習創造初期，這種不順利的情況絕對無法避免。我被高我訓練那麼多年，已經習慣從高處看事情，從小處做事情，在信任的基礎下，「不過、假如、也許、但是、萬一……」這些與目標相衝突或違背的想法，很少出現在我的腦海裡；我的心情也很少有起起伏伏的感受，多數維持在平靜的狀態下，但這不表示我沒有情感，只不過我並不會用在創造裡。

信任是創造的基石，當我們把目標放進去量子場域後，信任會讓粒子的結構完整又扎實，在達到臨界值之前，不會受到其他意識的干擾，實現之後的結果跟我們預想的就不會落差太大。

我很清楚信任的力量，因為吃夠了不信任的苦頭……哈哈，這是很實際的一句話。我有沒有在信任的基礎下創造，事實會給我完全無誤的答案；想要落實高我的力量在人生道路上，要經過的考驗一樣都不會少，也無法跳過，只是每個人的選擇，發展出來的領悟與收穫不同而已。

創造的初學者，最重要的就是建立對創造法則的信任，以及累積創造的經驗值，然後才是高我的登場，基本的鍛鍊完成，自然而然就會碰觸到高我。這一段連結高我的方法，走的是實際的生活路線，跳開靈性幻象的陷阱，我要人們在【系統】的教導裡，活出高我的精神與價值。

高我的力量是來自於我們自身，即使在你的認知裡，高我無所不能，也不代表你就能完全發揮出高我的力量。思惟的框架與性格上的限制，就是我們要去超越的部分，高我再怎麼厲害，要是沒有信任的基礎，什麼都做不到。

‧想法＋感受，有意識地創造

高我，是高層次的意識存在，意識是思想和感受的合作，所以只有真實的自我才能連結到高我；還躲在面具底下的人，在渴望又期待中，可能會先在面對真實自我的過程中敗落。要人們一下子把面具拿下，並不是件容易的事，即使上過再多的心靈課程，依然有很多人清楚地知道，躲藏在面具底下的自己是何模樣，所以痛苦依舊，傷痛不曾消失，對於自己的努力心力交粹，就是還沒有準備好要面對真實的自己。這跟一個人的成就、地位、財富無關，最終的答案是心裡的平靜與快樂。擁有愈多外在條件的人，心中的包袱愈大，這是我十多年來深刻的體會；一個準備好改變的人，是經過相當多考驗與粹煉，才有足夠的勇氣（內在力量）拿下面具。

來自四面八方、不同國家、不同生長環境的學員們，帶給我相當豐富的輔導經驗。面具的重量跟現實條件有很深的關聯性，這是我從學員身上獲取的體悟，往往讓我更具體地看見高我的教導。這當中，表面看起來事件不同，但是從人性面來看，卻如出一轍，心裡的渴求都相同，糾結的情感一模一樣。擁有成就的人，不代表在成就感上就滿足，甚至還不斷追求被認同與肯定；擁有財富的人，不一定對金錢就沒有恐懼，只是級距上的差別而已。這種觀察讓我放下了很多執著。

不同社會階層的學員，帶給我不一樣的體悟。在高我安排下，我不僅豐富了自己的人生經驗，也同時提升了生命的品質，不再會為了追求對自己沒有幫助的附屬品而耗費心力。對我來說，在生活中不斷創造新經驗，才是最有價值與意義的事。我的五感帶給我體驗中的樂趣，我的第六感引領著未來道路的開展，相對地，也改變了我對每一件事情的發展有不同的思惟與創造。

一個職位，有人離去，有人搶著要，用靈魂的角度來說明，熟悉了就走，讓下一個靈魂來體驗；在人來人往間，經由事件的形成，產生推力或拉力來讓人們產生行動。事件本身或許只是一個訊號、一個推力，看起來像是阻礙的情況，蘊藏著未知的內容，引發我們產生「改變」的念頭，進而做出改變的決定。若沒有達到足夠的力量，這世界是不會改變的，這就是人性。

當所有事情都配合著頭腦裡的邏輯推演來進行，我們就會認為事情是順利的，認為這才是正常的；所以當有事情超出理解範圍，或是不在預期內，就會被當成挫折或阻礙來看待，然後用解決問題的心態採取行動，目地就只是想要控制所有事情的發展按照頭腦裡的設定進行，如此而已。

改變成頭腦裡認為的模式，就一定是對的、正確的、沒有問題的、好的嗎？這是來自頭腦裡的判斷標準。當不同思考模式的人碰在一起時，公說公有理，婆說婆有理，爭執與對立的戰場就開始了。再更認真地去了解時，就會發現到，其實方向和目標是一樣的，心裡面想要達到的是一致的，只是說法不同、做法不一樣而已。

意見相左或分歧，才能激發出不同的火花。能夠允許他人的想法，接納他人不同的作法，是一個優質團隊的基本元素。

我完全了解「一個想法裡如果攜帶了感受，就一定會實現」的創造法則，若是要讓事情如心所願，我們有可能要放掉對事情的控制，從頭腦的設定裡離開，順從內心的感受與指引，允許未來在自然的創造中實現。這個信念需要強大的信任支持才有辦法做到，高我的參與能助我們一臂之力，從有限的舊價值體系，卸下制約與框架的枷鎖，用另一種全新的模式生活，因此要擁有豐富的感受。我必須讓自己的心思細膩又敏銳，無時無刻在生活中收集美好感受，讓靈魂感到滿足與豐盛，那麼當我有一個想法出現，也期望能實際去體驗到，我就能立即把感受的能量補上。

換言之，我想用什麼樣的感受去經驗一個創造，就看我的想法多麼有創意，能引起心中的嚮往與渴望；在想法與感受上產生共鳴的那一刻，我明白這個想法將會被化為實際的事件，在我的人生道路上讓我經驗到。

這是頭腦和心的合作。在高我的教導中，我被鍛鍊出這樣的能力。單純在頭腦裡想的事情或計畫，並不會實現，但是只要加上感受，就無法阻擋想法化為事實的必然。心靈的成長和提升是在幫助我們淨化感受，並且鍛鍊由自身內在產生美好的感受，再加上有建設性的想法，那麼就是用意識能量在創造。

當內在擁有足夠豐富的能量，很多事情的想法與觀點絕對會改變，因為靈魂裡的素材滿滿，靈感（靈魂裡的感受）源源不絕，充滿生命力的日子，想擁有什麼樣的生活，就不會是難事，達到自主人生，是可以經由鍛鍊來實現的。

要把創造力用得好，一定要有能力關注在想法與感受的流向上，保持心境平穩，不會被外界短暫的現象干擾，產生不穩定的感受，多出不必要的預期心理與負面思惟，就有能力扭轉現實。

基於人性總要「眼見為憑」，我努力尋找讓人們可以看見思想與感受的方法。為了要讓學習者看到內在運作的慣性方向，「慢行」和「書寫」是最有力量的方法。很多人從慢行和書寫中覺醒，找到改變的力量，願意擺脫心中的糾纏，跨出勇敢的第一步，就是因為眼見為憑；知道胡思亂想的後果，知道小劇場的作用力，就有很大的警醒。

針對事情做出預設與推演，每個人都有其獨特的路徑，如果多加觀察，就會發現，這裡面藏著很多好玩又有趣的事物，哦～～原來他是這樣想的，哇……居然可以這樣發展出來，嗯——這想法會把事情搞成什麼樣子呢？

未來，一直在每個當下被創造出來，特別是當想法加上感受的話，那麼鐵定鋼定地完全無法阻止。如此巨大的力量需要讓人們知道，才有機會讓世界不會再繼續往人人害怕的方向前進。所以這麼多年來，我們在大大小小的場合，有機會就分享，不管對象是誰，都會接受邀約，也會主動去創造；國內國外跑，團隊成員不斷分享推動，操作「書寫」、帶「慢行」、教「放目標」，盡全力去做，就算回應不佳，也不會氣餒，堅持到現在，總算被看見，被理解，被接納。

意識的能量匯聚成河流，基於頻率共振的原理，共振讓能量很快就到達臨界點而實現。集體意識構築出我們眼中的世界，而每個人只會到達自身意識所能到達之處，你想做、想去、想完成的任何事，都有機會可以被創造出來，然後去體驗。

所以，用方法鍛鍊，把原來隨機無法掌握的創造能力鍛鍊成可以運用意志的使用，那麼就沒有實現不了的願望了；這或許容易，也可能不簡單，端看每個人的態度與操作上的落實。高我是這當中很重要的元素之一，想要體驗到生命的無限可能，需要高我一路上的協助與引導，因為高我是高層次意識的存在。

經由高我不同角度的思惟和提點，我們有機會離開舊有的限制性思惟，然後朝向更大可能性的方向前進。帶著覺知，把想法和感受結合在一起，一點一滴地鍛鍊，擺脫眼中現實的框架，給自己一段傳奇性色彩的故事。這是靈魂深處的渴望，我們每個人都有能力可以決定事情的未來發展，而且共同合作，建構利人利他利己的社會。

第四章

量子與高我

單純的思惟、純淨的心靈，對創造來說是很重要的關鍵。

【系統】的鍛鍊裡，設定目標運用的是量子力學的觀測者與量子糾纏原理，帶著覺知，在睡前將心中渴望經驗的事物聚焦在文字上，輕鬆地躺在床上，閉上眼睛，在腦海裡想著文字目標，然後入睡；早上醒來，意識回到身體，先不馬上張開眼睛，在腦海裡再把文字目標想一次，然後觀察腦海裡有沒有出現靈感、想法或夢境，如果有的話，再拿起放在床頭的筆記本記錄下來。

這是【系統】裡的放目標鍛鍊，目標出現時，意謂著我們主動建立了現在與未來的某個特定空間的連結；在腦海裡想著文字目標，這個動作會把充滿訊息波的大腦，轉變為量子場域，經由放目標的人保持覺知，在腦海裡注視著目標，目標即被傳送到未來。

・觀測者

量子力學中，觀測者的本質決定粒子最後顯現的結果。以高我的教導，當個觀察者，在覺知中觀察著自己的一言一行一舉一動，說出來的每句話，心裡的每一個感受，腦海裡出現的想法念頭，在意的人事物，還有對事情習慣性的思考方向……這些都是高我引領我去看見的點。在觀察中，另一個世界的門經由我的觀察被打開，我在觀察中獲取相當多寶貴的禮物。在【系統】放目標的方法中，放目標的人即是觀測者，保持著覺知與渴望經驗的心情，把「觀測者的本質將決定粒子最後顯現出來的結果」的原理應用在放目標上，我們帶著什麼樣的心情與感受在看著目標進入量子場域，就決定了最後目標顯現出來的樣貌。

我想起以前小時候爸爸媽媽對我的期待，他們相信我的學習力，也認為我很用功，因此對我在學校的課業從不擔心，而我也同樣在他們的期待中，覺得自己是很棒的。這是否就是觀測者的原理？我又再想起很多人抱怨這個、抱怨那個，在抱怨中，他們不知道自己是觀測者，用什麼方式看這個世界，這個世界就會變成他們眼中的樣子。高我說：

學會欣賞任何跟我們不同或相反的人事物，
練習從批評中抽離，
活出自己的品味，
展現心量與格局。

我在前面的章節有提到觀察與覺知，從量子力學來看高我的訓練，我能理解到觀測者為什麼如此重要的原因，但是這訓練不容易做到。對我這個天秤座來說，什麼事情都會衡量與比較的性格，在這個面向上其實吃了很多苦頭；天生有主見的我，總認為只有自己才是對的，想得面面俱到，所以當他人提出意見的時候，我表面沒有反對，但是也沒有採納。好幾次我被打入黑谷之後，才謙虛的放下心中的衝突與矛盾。

我曾放了一個「建立有共識的團隊」的目標，我以為這個目標實現的方式就是適當的人主動出現，而且可以合作愉快，一團和氣的完成各種計畫，沒想到事實卻完全相反。

我團隊裡的一個成員突然說要離去，因為這個事件，每個人心裡都有不同的想法與態度。我聽著各種不同意見的那一刻，忽然發現到，那個人的離去是我的創造，因為在我心裡一直想要改變那個人的行事風格。我們對事情的看法不同，我認為他有盲點，他認為我獨斷，所以在執行的過程中，各執己見，卻因為我是老師，大家習慣性的聽從我的意見；我雖然說大家可以提出自己的想法，然而我只是聽聽而已，並沒有實際的聽進去，又被自己的自尊心綁架，根本不願意去面對「自己其實是不知道要怎麼做」。

我用什麼樣的眼光來看那個人，我就用自己所看到的來解讀，我的心裡帶著「對方需要改變」的意圖觀測著對方，那個人穿著我硬掛在他身上的衣服，無力與我對抗，因此選擇離開。

在我們生活中，這種類似的例子到處都有，對孩子、另一伴、主管、客戶、朋友……隨時隨地都在發生。我們不知道自己是觀測者，對自己所投射出來的眼光毫不在意，不知道這樣做就是在決定結果，特別是很在意他人眼光的人，等於是完全活在對方的設定裡。這是件很可怕的事情，不是嗎？

同理看看，一定也不希望別人用負面的眼光來看我們，畢竟被他人誤解的心情並不好。因此，調整我們看世界的眼光，這個世界一定會變得更好的；要去批評的前題，要清楚這只是我們自己的看法，眼中只能看到我們自己的以為，不一定是全部，就算是朝夕相處的家人，也不一定就能真正了解彼此。這個觀測者的原理，正呼應了正向思惟、接納異同的觀點。

・量子糾纏

在量子場域裡，有取之不盡、用之不竭的粒子，所以不會有資源不足的問題。運用【系統】的方法，已經有數不清的人實現目標。隨著經驗值的累積，學員對創造法則有信心，對自己的創造力也產生信任，因此設定的目標愈來愈大，從終身伴侶到事業的經營，個人成長到人生目標……聽不完的故事，這些故事都帶著傳奇性的色彩，因為目標實現的路徑與模式，完全超越頭腦裡的想像。

與美好的未來產生糾纏，比起纏繞在過去的傷痛，我相信沒有人會選擇後者，逃離痛苦、追求快樂是人的天性。我們所設定的目標，是由現在所產生，然後在未來實現，這個未來或許是等一下，或許是明天，或許是下星期……改變現在就會改變未來，經過學習，我們一定會改變；雖然目標在未來，只要我們改變了，未來同時也會跟著轉變，這就是量子糾纏的原理。

表面我們看不出來這個改變會對未來產生什麼影響，透過「放目標」，我們可以設計改變的路徑，讓每個目標的實現來改變我們對世界的觀點與認知。在改變中，以目標做為沿路的指標，就能清楚看到改變的過程、我們是如何蛻變的。

目標進入量子場域，就會變成意識能量，穿過蟲洞，用最短的距離到達未來；我們與未來之間的距離就是時間差，時間是隨著頻率而定，只有當我們改變「與目標可以產生共振」的頻率時，才有機會經驗到目標的實現。

因此，為了讓我們跟目標的距離不要太遠，以免要花很長的時間才能實現，而失去信心，放棄創造，所以要練習拆解大目標；若是把大目標當成一個終點站，那麼沿路的小站就是小目標，我們每經過一個站，就離大目標更近一點，心裡面會有確定感，不會覺得自己是不是坐錯車。讓目標跟現況的落差不要太多，是心裡面希望達成的一小步，這樣做能精緻化實現的過程；被拆解出來的小目標，成為沿路的指標，每實現一個，就代表離最終目標近一點，學員也能在每一個小目標實現後，調整自己的步伐或計畫，因為每個小目標的實現，都會帶來不小的影響與改變。

成就一個夢想，或是執行一個計畫，人們可以用本來的方式完成，也可以選擇用【系統】的方法創造出來，不管是哪一個路徑都行。目標或夢想是一個項目，我們藉由這個項目在體現自己，探索自己，也在將自我的價值最大化，造就更大的可能性；完成之後，一個連靈魂都會憾動的故事將激起最深的渴望，展露澎湃的生命力。

當目標進到量子場域，就一定會實現，接下來就是我們在這裡的努力。為了提升到可以跟未來目標共振的頻率，除了拆解目標外，【系統】用「慢行」和「書寫」來拉近這個距離；學員養成觀察和記錄的習慣，就是在整合自己，為量子跳躍做準備。

・量子場域的遊戲規則

量子場域跟物質世界的運作模式不一樣，從我自身的經驗來說，有時候幾乎是相反的。量子場域是一切的源起，而物質世界則是一切的果實，因與果之間，有著千百萬種的過程，而這也是「創造」令人嚮往之處。我們眼中看見的物質世界，是怎麼來的呢？源頭在哪裡？這是人人都想知道的事。

我們一直以來都習慣物質世界運作模式，相信眼中所見的才是事實，所以當開始練習從量子場域的遊戲規則來創造，必定會經歷一段期間的混亂。有句話說：「外在是內在的顯現，裡面有的外面才會有。」這句話在我十多年的經驗中獲得百分之百的證實，因為這個體悟，我對物質世界有了不同的見解：內在指的是量子場域，外在就是眼中所見的人事物。

六祖惠能的「菩提本無樹，明鏡亦非臺，本來無一物，何處惹塵埃」，是我認為用來形容量子場域最貼切的一句話。物質世界是量子場域投影出來的鏡象世界，在量子場域裡的意識，是物質世界的源頭，運用意識能量重新創造，就像走入鏡子裡面，從另一個世界出來。

當我們把目標放入量子場域後，是經過什麼程序才會實現？在量子場域裡面發生了什麼變化？……一定會有很多人好奇，所以我們要好好地來了解量子場域裡的遊戲規則才行，畢竟帶著疑惑，對目標的實現還是會有干擾的。既然如此，我們就來看清楚，目標在量子場域裡的活動狀態。

☆量子場域的遊戲規則一：無限可能的量子場域——只有「存在」與「不存在」

量子場域不會主動判定好壞、對錯，只要能量俱足即實現，例如：當你放了一個目標「減少支出」，這對量子場域來說是兩個動作，第一個動作是先產生「支出」，然後才能執行「減少」的動作，因此我們現實的生活中，支出就會莫名地增加，然後才會慢慢減少。如果不了解這個遊戲規則的人，就會被這種情況嚇到，而認為創造是騙人或是假的。

☆量子場域的遊戲規則二：沒有不可能，只有想不到——被限制住的創造力

對於目標，我們可以有一種比喻：文字目標就像是玻璃瓶，裡面裝著我們內心的感受，可能是咖啡，可能是汽水，可能是果汁……目標是根據你的想法形塑出來的結果和樣貌，而內心的感受則是目標實現過程中你會經驗到的心情。例如：你是個想法一板一眼的人，每件事情都要合情合理，並且帶著謹慎小心的感受（通常這樣的性格不容易產生強烈的渴望），需要很多經驗值的累積才能放開心去創造。因此在設定目標的時候，也經常在有限的認知裡，失去了創意，怎麼想都是同樣或類似的事物，那麼就算學會了創造，能創造出來的事物也有限。因為你的小心，你的目標也不可能帶來多大變化。

☆量子場域的遊戲規則三：舊世界 vs 新世界——開創一個新的空間

大多數開始學習創造的人，想要立即用創造來改變現實的困境，因此往往目標都是

以解決問題的角度出發。對於量子場域來說，不管目前的物質世界是什麼樣貌，所有的一切都是從零開始，因為當我們帶著解決問題的意圖來設定目標，首先就要先把物質世界的問題重新創造一次，然後才能執行下一個動作去解決和處理，這樣對創造者來說，現實的問題會被加劇，不但沒有改善，反而更糟。因此我們對於初學者都會建議，先以豐富生活經驗為練習，等到取得目標實現的經驗，對創造法則產生信心之後，再回到教室，加上書寫的鍛鍊，重整舊世界的意識能量，轉換為創造新世界的能源。

量子場域裡面，就是空無一物，目標進去量子場後，裡面的粒子會開始結構化；當能量足夠，到達臨界值，形成重力波，黑洞打開，我們的意識就會被吸進去，然後穿過蟲洞，導致時空扭曲塌縮。這時候新的現實形成，白洞打開，將意識能量以訊息的形式拋引到物質世界，被我們開展出來的神經元接收到，大腦解讀出來，變成直覺或靈感，最後就是去落實執行。我們必須練習放下對目標實現模式的控制，接受目標不會以頭腦本來以為（應該、必須）的路徑實現。

例如：我們對目標的期待，就可能局限了我們判斷目標實現與否，因此認不出來目標已經實現，甚至認為目標沒有成功。當我們對目標實現的設定愈多，就表示我們對目標的允許度是低的，這對創造而言，是很沒有幫助，反而是有傷害性的，因為這會帶來莫大的失落與挫敗感，認為自己是沒有創造力的。

☆量子場域的遊戲規則四：下達指令，啟動創造力——將想法變成目標

將你渴望的結果，聚焦在特定的現象、狀態之中，以文字的形式呈現，這樣做的原因是讓目標有更大的可能性，讓能量自動運轉，然後實現在生活中。目標裡承載著我們的心願（想法加上心裡的渴望），所以目標可以是個現象，或是個行動，或是個結果。當我們決定要將這個目標放入量子場裡，就表示我們決定讓這個目標超出我們可以預期的方式實現；同時我們也接受，讓這個目標的實現顛覆舊有的自我，準備迎接全新的自己被創造出來。

例如：目標的實現是根據內心的感受而運作，文字是來自頭腦裡的想法，而能量則是內心的感受，當感受不夠強烈，也就是沒有那麼渴望想要體驗到這個目標，那麼目標就會離我們很遙遠，不知何時才能實現。

☆量子場域的遊戲規則五：量子糾纏——與未來連結，打破時間與空間的限制

與物質世界最大的不同之處，量子場域裡沒有時間與空間的限制，目標與現實的距離來自信念的認知，而實現的速度則是依內心渴望的強弱度而定。

例如：我們覺得不可能的目標，意識裡承載的能量就是「困難」、「沒機會」、「機

率低」、「沒把握」……這樣的感受與認知，將目標放在與現實的世界相距遙遠的空間，要花很長的時間才經驗到，甚至很難實現。如果我們設定一個認為輕鬆好玩的目標，那麼在現實世界中就會用輕鬆好玩的方式體驗到目標實現。我們在量子糾纏的單元裡有說明了一個現象：現在改變，未來也會跟著改變。因此我們在設定目標的時候，就選擇了我們與未來的關係。

我們的信念裡，有很多既定的要求、標準與原則，這些框架與限制，讓我們發現到很多學員幾乎都會遇到的狀況，就是不知道要創造什麼，或是在設定目標上，完全看不到創意的展現，以至於白白浪費了創造力。為了要讓學員真的經由創造，將生命的價值最大化，我們決定在二〇一八年將教學的模式轉換為世界的旅行，透過行萬里路，落實高我的教導。我們在世界每個所到之處慢行，接受多元文化意識的洗禮，在不同的夜空下設定目標，書寫下每一個腳步的體會，帶著覺知行遍世界。

落實高我的教導是一輩子的事，創造也是一輩子無法停止的，物質世界的運作模式已經讓我們遺忘了創造的本能，而將眼中所見當成全部。量子場域是另一個世界，既陌生又熟悉，渴望又膽怯。在進入到創造國度的我們，是創造的新生兒，還在摸索累積經驗中。所幸在高我帶領下，這些年我們悄悄地走出一小段路，仍然繼續前進中，同行的人愈來愈多，正共同運用意識創造心目中渴望的現實世界。願我們的推動能激起更多人參與，完成創造的使命。

▪取得經驗的重要性

量子力學，量子物理，量子……這些年什麼都要跟量子扯上點關係。我在二〇一一年量子跳躍的時候，才粗淺地接觸到量子，之後高我在生活中不斷地透過操作與鍛鍊教導我，我才慢慢理解到這當中的運作模式。

物理一直是我印象中很深奧又難懂的科目，求學階段，物理學的分數也都是敬陪末座，怎麼會活到現在，用著自身的體驗在分享？若不是擁有太多自己與學員們的印證回饋，我都還不敢相信高我的教導。最主要的原因是離我們原來的生活太遠，也可以說是完全跨領域的學習，就像是天南地北的平行線。為什麼這樣做就會成功？這樣做就會實現？這樣做就會完成？……我的腦袋裡其實有提不完的問題。我沒有科學的頭腦，也沒有那方面的學問，只有累積多年的經驗值，而高我用生活中發生的事件給我答案，只有我親身體驗到，才有辦法讓我這種性格的人臣服。

不管高我給出什麼樣的教導，最終我都會以「實際經驗到」來印證那個教導，在我尚無法獲得經驗之前，高我的教導只是一種「頭腦裡知道的理論或常識」，對我來說不一定有幫助，也不一定適用在我身上，更別說放在教學的內容上了。

我要知道粒子是什麼？量子是什麼？結果就發生了「量子跳躍」在我身上。這個經驗讓我臣服，也確定了自己真的是粒子組成的，雖然我用肉眼再怎麼看，也看不到粒子的模樣……細胞也是肉眼看不到，病毒和細菌也是肉眼看不到的，不是嗎？

是啊，即使這樣，我還是沒有辦法給出信任，只有經過天旋地轉，變成粒子的結構後，我才真正明白高我說的是什麼。但是我無法像高我那樣，讓每個人都經驗到量子跳躍，因為在我變成粒子，快速地通過蟲洞時，那裡面的引力強大到讓我明白，「信任是宇宙最強的接著劑」這個教導。

信任不足，會讓粒子的結構鬆散，並被其他的分子干擾，而變成另一個結構。所以為什麼我們要練習單純的思惟、純淨的心靈，因為這對創造來說，是很重要的關鍵。

我們想要知道自己是誰？來自於哪裡？在這裡的目地？是不是有使命？……絕對不是去上些課，知道一些星系，或是經由靈媒告知就好；知道就要體驗到，並且對自己這次的生命之旅產生幫助，應用在日常生活中，轉變成經驗與價值，那樣才是我們在這裡的目地，也是我們靈魂的渴望，也可以說是使命。

在高我帶領下，所有的經驗都會超乎想像，因為我們已經用意識在創造。而意識運作在量子場域裡，透過放目標，我們把大腦變成量子場，跟著高我教的步驟，把量子場域與我們的生活連結起來，那麼深奧就只是頭腦裡的想像，在生活中體驗到才是最重要的事。

現代人因為資訊爆炸，知識取得太容易，沒有經過求證就分享出來的一大堆，若是我們還停留在以頭腦判斷的依據上，沒有親身去體驗，就失去了成為人的意義了。再加上很多新的觀念和思惟，只有化為經驗才能成為力量，抵抗舊信念的控制，建立新的信念模組，脫離命運的設定，創造想要的未來。

經驗，是物質形式的能量。在人人追求金錢與財富的年代，要創造出金錢，經驗值就要夠，而且愈新的經驗帶來的物質能量愈多。你可以試著回想自己每個「第一次」的經驗，無論那是否被你期待，只要是第一次，就會花比較多的精神和力氣，或是得到比較強烈的感受。比起閉著眼睛就能做到的事情，若說經驗是靈魂的糧食，那麼新經驗對靈魂來說等同於一頓大餐的分量，能讓靈魂感到豐盛與滿足，就算那個新經驗在我們眼中是微不足道的小事，也是一樣的作用。

在靈性圈子裡，解決內在匱乏的方法有很多，【系統】的方法則是運用放目標，與高我合作，帶給靈魂擺脫頭腦慣性之外的經驗。這會讓靈魂充滿力量，我們就會覺得很有精神和活力，而且靈感源源不絕，因為我們讓靈魂有很豐富的感受。

高我和量子，就像是心靈與科學，本是兩條平行線，經過【系統】整合之後，我們打開這兩個領域的橋樑，將更高層次的意識引入量子場域裡，化為經驗，與生活結合在一起。不管要從哪一個面向來解讀，這已經成為事實，並且顯現在很多學員身上。

對生命的探索，人類一直是由經驗來帶領的，沒有發生人類無法處理或理解的事件，不會引起人類探索的動機，更不形成專業。對於很多經驗，我們很難有合理的解釋，就因為在「合理」的原則下，所以我們的創造被限制住了。高我用這麼多年的時間，帶給我合理之外的事件，一次又一次讓我的框架剝落，限制打破，那種生根在我心裡面的教導，是由生活體驗累積而來。

人們想要完全的自主權，創造想要的未來，要問問自己，是否願意回到源頭重新開始，接受舊有自我的被顛覆？當舊現實瓦解的那個當下，能否全然信任高我的安排，平靜的領受接下來更美好的發生？

・扭轉現實，取用潛意識的能量

談到扭轉現實這件事，其實相當複雜，因為我們的現況就是由意識顯現出來，不管是潛意識、表意識。現實之中，積存著我們的信念。高我的創造，並不是去引用潛意識的能量，而是原始純粹的意識能量；但是我們可以透過書寫，重整潛意識的能量來創造，因為每個人的生活經驗都是相當珍貴的寶藏，我們不可能忽視過去這些經驗帶來的教誨。所以從過去提取潛意識來轉化，不僅可以創造未來，也是在提升內在的頻率。

書寫，要寫什麼呢？可以從現況中提取事件來書寫，事件的發生一定有個起點，也有個落點，通常我們會針對不同的情況做取材的動作。可以是目前的進行式，有需要做出改變的部分；也可以是放在心裡，久久揮之不去的牽掛或心結；也能是長期解決處理不完，重覆不斷發生的事件。這些都能成為書寫的題材。

另外還有一個部分是針對未來的創造。對於不知道未來要做什麼的人來說，就要用到過去的能量，最主要的原因是創造需要能量，若是對未來沒有夢想或是可以產生動力的計畫，那麼很顯然的，我們要回到夢想的起點，把對生命的企盼與熱情挖出來。

如果你對未來已經有很多想法與計畫，那麼可以直接拆解為小目標，然後配合著系統的「慢行」與「書寫」，開始進行創造；但同時也要不斷地透過經驗累積能量，如果事情進行到一半，有停頓的現象，那就是能量不足的時候，也是你運用書寫向過去提取能量的時刻。

每一個發生的事情都有禮物，我們或許無法改變已經發生的事情，但可以透過書寫重整意識能量，讓過去的生活經驗變成對未來有價值的力量。因此，運用過去的事件來重建未來，有著令人感到不可思議的作用。

在書寫的世界裡，高我引領出來的道路，也絕對不會在我們能設想的範圍內。當我的運作模式被整理出來的那一刻，只能說心中充滿了疑惑：我從來不知道自己是這樣的。所以當有愈來愈多人照著【系統】的書寫方法開始寫，所收到的禮物往往令人感動。走過的每一步都留下深刻的痕跡，不會再有白走這段路的心情，因為這些親手寫下來的字字句句，都是生命裡很重要的轉折，記載著我們是如何蛻變過來的。

每個人都是神聖的存在，經由【系統】的操作，我們讓這個真理在學員的生活中落實下來，化為學員自身的真理。我們知道量子場域裡是意識能量運作之地，而高我是高層次意識的存在，因此當高我給出來的直覺指令，被我們當成目標，放入量子場域裡，那麼會發生什麼事呢？

我想每個人都可以親自去體驗這種創造的過程，取得經驗之後，我相信心裡面會有不小的衝擊。重點就是連結上高我，然後得到高我給出來的直覺指令，這部分我們在前面的章節我們已經有完整的說明。接下來，我們可以跳到碰觸高我之前的階段，看看有沒有什麼樣的現象或訊號，可以提醒我們，劇本即將結束。幾續前進吧！

第五章

碰觸高我之前

保持觀察的位置，才能感知到高我的存在。

解除劇本裡的設定

這麼多年來，我不斷在觀察，從我身上發生的每件事，與我互動的每個人，去到的每個地方……我都在觀察，觀察自己的喜好、反應、態度、精神、回饋與啟示。我有觀察狂嗎？不是，是因為保持觀察的位置，才能感知到高我的存在；保持觀察才知道高我會教導什麼，在傳達著什麼，在進行著什麼。

可能是因為我天生好奇寶寶的個性，對每件事都抱著新鮮感在體驗，就算是已經做過很多次了，我還是會當成是第一次那樣去經驗。然後我發現，即使是熟悉的事，也不一定每次都一樣，那是頭腦裡的制約，習慣了就不會去用心，也不會投入太多精神在裡面，甚至頭腦裡的指令都還會讓我們認為這是「理所當然」的情況。這些就是我用觀察者的位置與高我一起學習成長的體會。

這些細微到骨子裡的事物，就像另一個世界。在我眼中，在我心中，在我腦海中，與外界的互動，都有新鮮好玩的發現；高我會引領著（頻率共振和吸引）著，機會也自動出現，可能性愈來愈多，愈來愈大。我就這樣被吸引著，走出了舊的觀點、思想、態度、價值觀與信念。

想連結高我的人很多很多，聽每個人描述高我時，南轅北徹的認知，往往讓我聽得一愣一愣的；之後又聽到連結高我後有多麼棒多麼好，更是讓我大開眼界，很多我想都沒想過的情況，是在聽過人們述說才知道，難怪那麼多人想要連結高我。但只知道連結之後有多麼好，卻沒有人問我，連結高我之前和連結高我的過程中要經歷什麼？我曾想過要這樣回答：「想連結高我的話，就要有離開被神守護的心理準備。」因為我們要成為自己的神，這過程中要拋掉什麼，學會什麼，拿起什麼，可能都沒有人想過吧！

我在量子跳躍之後才明白，舊有劇本已經結束了，接下來要經驗的是我創造給自己的未來，只要我真心想體驗的事，都能被創造並且發生。聽起來很棒的樣子，但是當時的我卻很難想像，意思是什麼？是指我已經沒有業力的牽扯，可以隨心所欲地去到任何地方，只要我不被自己的舊信念干擾。這樣，我能實現所有夢想嗎？

我沒想到高我將是我未來的合作伙伴，我會跟著高我一起經歷共同的創造。到目前為止，我們在一起多久了呢？我來算算看……二〇一一年我量子跳躍，在量子跳躍的前一段時間，我正式接觸到高我的實相，或許是因為這個發生，才讓我可以安全地經歷了量子跳躍而沒有精神分裂或死亡。

我在達文西的密碼裡，在半清醒的狀態下，我看到一個圓球，裡面有個人，圓球的牆面上布滿螢幕，有黑白有彩色。不知道為什麼，我知道每個螢幕裡代表一個空間裡的我，黑白的代表還沒有覺醒，彩色的則是覺醒並連結到高我了。

我看到自己在其中兩個畫面裡，一個黑白，一個彩色，就像兩個平行世界。那一刻我明白了自己為什麼總喜歡望向高處，因為我在尋找，因為沒有醒，所以不知道自己在找什麼，就算看到了也認不出來。在還沒有認清楚高我是什麼東東之前，我被自己所看的書，所聽到的訊息，前輩們的經驗分享，以及相關的視頻影響著；在我的認知裡，宗教、經典、神話故事、靈性的學習體會……都是我構築高我的素材。直到二〇一一年的年初，我才完完全全看懂了自己的靈性幻象。

我花了相當多精神與時間，才從靈性幻象中清醒，也用盡全部的心力，一點一滴地走到高我的世界中。這些年很多描述高我的內容與資訊，人們都渴望連結高我，想像連結高我之後的人生，會有多麼美好；在這個章節裡，我想分享的是連結高我之前可能會遭遇到的情況。

我的第二本書《你還要療癒多久？》談的是從療癒過渡到創造的轉變過程。曾花了五年的時間在心靈層次探索，透過教學相長與同行的學習者共同走完療癒階段的我，在進入創造的初期，仍舊帶著療癒的認知在使用創造，那種對生命的想像，讓我以為，只要在這個階段結束，未來的人生就會一切美好。

五年多來，我進行著靈性療癒的工作，總是告訴一起在修煉的學員們，一切都會愈來愈好；然後一大群人帶著這樣的期許，每天不斷地進行修煉，靜坐、冥想，跳舞、讀書會、學習了解與探索自己，似乎生活在另一個與世無爭的世界裡，根本沒有發現自己與現實的社會脫節。

談的那些美好只能在教室裡，無法帶到外面的世界，只因為患上了自我感覺良好的毛病，沉膩在由自己產生出來的感受裡，然後……未來只有一片美好，卻沒看到自己的現實，一點一滴地在陷落。那種對未來不確定的擔憂與不快樂，也是真實的一部分，卻被我自己選擇忽略，在自己的感覺裡，自欺欺人；在面對公司管理與經營的時候，情緒、利益、對錯判斷、互相猜忌……一樣都不少的出現。而我們自恃著有在修煉，以為我們看到的面向是他人無知沒有看到的。

事實上我們就像鴕鳥，把頭埋在沙裡，沒有看見最真實的修煉就在生活裡，自以為有修煉就一定是對的、正確的，用誤解來評斷討論著與我們無法有共同語言、想法的外來人，這個幻象是由我們自己塑造出來的。

我後來也發現到，其他很多心靈組織也都存在著相同的狀態，原因就是內在的情感需求匱乏，所以需要找到一個可以互相支持、情感依賴與認同的團體。人人在外面惡劣的環境中打拼，然後回到教室裡相互訴苦，雖然一邊深入去看到自己的問題，同時也與外面的世界形成一道阻隔的牆，在教室裡學習到的一切與改變，只是因為內心情感需求得到滿足之後，不再感覺那麼痛苦，所以願意做出不一樣的行為，願意改變態度，願意去面對。我在靈性探索過程中體會到，人只要感覺和感受被滋養了，什麼都有可能轉變。

帶著這份領悟，我在二〇一一年選擇了出走，表面看起來的原因當然是無法經營下去的現實挑戰，我必須不斷淘出錢來維持教室營運上的所有管銷，在收支不平衡的狀況下，我選擇用無償的方式，把公司裡所有的軟硬體通通轉交給當時願意承接的學員們。事後多年我才明白為什麼經營不下去的理由，就是要讓我出走，才能成為如今的我，當年若是經營得很好，我應該不會連結到高我，也不會經歷到量子跳躍。內在沒有產生極大的衝突能量，是無法讓我看清自己的幻象，我在看破幻象的那一刻，也同時摧毀了過去對生命的認知與信念。

那五年的寶貴經驗，我體悟到：發生的每件事，在當下也許會讓人痛苦或感到傷心，隨著時光歲月的推移，這些傷痛反而是讓我們成熟的素材。這個覺醒是很大的禮物，讓我開始看懂人的世界，我不再有同情或可憐的心情會產生，取而代之的是我對正在經歷考驗的人，真誠的由內而外的禮讚，他們正在靠近生命最神聖的力量。「神」只有在這個時候才能產生作用，那麼多人在追尋著「神」，原來「神」存在於生命的最黑暗處。

這對我來說是相當大的改變，心裡面沒有了地獄，表示我的地獄已經空了，眼中所見的每個人都是聖者，無關成就、地位、好壞、善惡、美醜……各自在扮演著選好的角色；那種二元對立、分離的思惟在這個覺醒之中完全地去除，打從心裡面這界線被模糊掉了。

所以，我不再需要療癒了，過去那些記憶還在，曾有的傷痛，卻因為我走完了，所以不再有傷痛感了。這當中我經歷了什麼，讓心變得完整，沒有一點傷痕？

當我不覺得有人真的在受苦，自然而然我眼中就沒有可憐悲慘的對象，每一個表面看起來正在受苦的人，或許正是他的靈魂在飽嘗著那份內心的感受，在享受著精神的糧食，心智的粹煉會帶出深刻的感受，讓靈魂獲得滋養；若沒有內在與外在的衝突，靈魂是無法品嚐到生命的力量有多麼美味，活著的時候才可以感覺到生命的存在。就是這個無法言喻的過程，靈魂愛著那份深刻，對於生命的力量有多麼巨大和堅強，若是沒有複雜的情感糾纏（就像纏繞畫），絕對無法構成一幅美麗的圖案。

這樣的體悟讓我發現生命的美麗，只能讚歎著。以前看到的人間疾苦，原來是救世主情結作祟，這是我自己的無知。從地獄裡覺醒的我，帶著完整的心靈重新出發，應該說，我的劇本結束了，靈魂的課題圓滿了，可以踏上創造的階梯，做生命的主人了。

・劇本的設定來自信念

一個女人是否能幸福，信念很重要。我在劇本結束前，並不知道自己對幸福的信念無法為自己創造出幸福。在舊的信念裡，我曾誤認為，要與某個人相愛，一起相守到老，共同努力打拼，相互的支持與照護，才是幸福的；於是認定了某人之後，不管是關係的經營或是嘗試了解對方，甚至是愛自己……都是帶著這個信念，壓根沒懷疑過。再加上傳統的教育總是告訴我們，女人要被愛才是幸福的，於是這個信念控制著我從年輕到中年的情感關係。

嚴重的變形公主病，總在生活細節上吹毛求疵，要對方配合，認為這樣自己才是幸福的，不會去考慮對方的感受，反而覺得自己付出很多，認為自己很愛對方。只要對方有一點不照著自己要的方式做，情緒就會上來，像發生天大的事那樣，鬧得不可開交，就只是想讓對方經由道歉、軟化、拍拍來證明他對我的愛，但這是我人生中第一段穩定關係的狀態。

負責帶領我學會什麼是愛的，是第二段刻骨銘心的情感，我在第二段關係中成了另一個角色，變成我在呵護、道歉、軟化和拍拍對方，心思完全不在自己身上，更嚴重的是，除了那個人以外，不願意做其他選擇，就算有再多人勸我，也聽不進去。

這段十年的情感，分分合合，糾纏不清，我嚐盡了內心的折磨與痛苦，每一次爭執之後，我總會在這個爭執裡找到禮物，於是就和對方道歉，謝謝對方。這樣來來回回，歷經十年，我在這份感情的教導中，完成了「關係」的課題。

這十年中，我經常靜下來問自己，為什麼要跟這個人糾纏不清，放掉了不就好了嗎？可是當這個念頭出現，馬上就會有事件發生，讓我們又不得不碰面。這種剪不斷理還亂的感情，面對內心的恐懼，怕失去之後，自己再也沒有能力去愛與被愛，怕自己無法承受沒有他的日子，怕自己的未來將永遠黑暗……說穿了，就只是小時候無法獲得父愛，而轉移到另一半身上的情感。那是個破洞，怎麼樣都無法填滿，洞愈來愈大，表現出來的行為就愈離譜。無知的自己，陷在情緒裡面，醒過來之後，只剩下後悔和道歉。

關係，無疑就是劇本的設定，彼此配合著演出，相互激盪出靈魂渴望經驗到的感受。所以在劇本結束之前，若能保持著學習的心，或許靈魂就有機會脫離這個設定，跳脫到創造的頻率。

進入到創造階段之後的關係，是來自於我們的創造，不會有糾纏不清的情況，任務完成會自動結束，也不會留下怨懟或心結，甚至我們有權利可以選擇是否要建立這段關係。經歷了劇本設定與創造劇本的過程，我可以很具體地分享這份心得：在劇本業力中的關係，有著沉重的粘膩，能感覺到那是一種能量的交易，也能感受到能量的控制與索求。創造的關係則完全不同，會有一種君子之交淡如水的清徹與輕鬆，相處也不需要建立在密切的互動上，卻能擁有更親密的信任。

．與劇本脫離的前夕

感情是很多人的功課，也是靈魂最大的課題與渴望。

我相信很多人都有類似的人生經驗：當我明白了這個人的任務，我們之間的緣分便結束。這個人生劇本的安排與設定，是我最後一道課題，我無數次在心中吶喊、祈求、靜心、冥想，想要脫離苦海。身為心靈課程的帶領者，自己的情感世界卻一片混亂，最後在我決定真正結束的那一刻，我跨越了心裡面的恐懼，勇敢地做出決定。在面對自己所下的抉擇那段日子，腦袋整個空白，本以為會痛徹心扉、哭天喊地，沒想到短短十幾天過去，我既不痛，也沒有想像中那麼難過，更沒有我本來以為的再也不會幸福……一切都跟我本來的認知完全不一樣。是怎麼回事？

是靈魂覺得夠了嗎？所以才不再有痛苦的感受出現，也不再會有思念、煎熬、折磨的情感，好像那是上輩子的事。這時候我發現自己醒了，從自以為的幻象裡面醒來，全都是自己嚇自己，我沒有自己以為的那麼愛那個人，我也沒有那麼需要一個人來愛。感情的事，只是一個原由，一個事件，一個被記憶、感受和信念附著的事故，經由我內心的交戰，產生能量與情緒，痛到極點的刻骨銘心，這些過程就是粹煉。

我在每一次的粹煉中更堅強，更靠近自己一點，更具體明白自己的真實感受。最後一次，我選擇縱身跳入恐懼裡面，決定把自我完全摧毀；然後在萬念俱灰之下，我看到了自己的不信任。本以為修煉會讓我得到心中想要的結果，卻看不到自己想利用修煉滿足欲求。現在什麼都沒了，也失去了。我推翻自己過去所有的努力，也給自己做出巨大的審判；不知道什麼才是對的，更不清楚要怎麼做才能擁有以為的幸福快樂，憤怒、失望、愧疚、自責、恐懼……通通一次顯現出來。這個蓄量的過程，累積了向高我提出請求的強大渴望。

在連續十多天無法睡覺，精神高度混亂的狀態下，我不知道自己該何去何從；任憑心中無數次的吶喊祈求，到達臨界值量的那一刻，我才發現原因是自己的不信任。這是我量子跳躍的前幾天，知道了這是自己不信任所導致的，我便在心裡對自己說：「我知道了，我願意放手，不管未來會去到哪裡，我都願意接受。」於是「置之死地而後生」發生在我的生命裡。

在後來的發展變化中，我體驗到了自己的重生。原來要擁有幸福、快樂，就是要放下產生痛苦的人事物。我認出自己的執著，也認清楚那是靈魂設定的「情感」課業之後，隔了幾天，我便經歷了量子跳躍的發生！

原來，我為什麼總是喜歡望向高處，總算有了答案。從那次之後，我不再會有無語問蒼天的舉動；我不知道從哪裡來的確認，就是知道高我在我的裡面，未來的道路我將和高我一起創造。過去在現實生活中所尋求的情感依賴對象成了高我，這是一種「把自己投放出去的力量一次收回到自己的裡面」的覺醒，我們所喜歡、所愛的一切，其實都是自己。這個真理讓我在這一次的經驗中完整地體驗到了。

對於業力和劇本，在跟高我連結、量子跳躍後，我才深刻地醒悟：人被業力控制住的現象，就好像從心裡面不斷冒出強烈的感受，這些感受會激發起莫名的情緒；沒有保持覺知的話，會被這股內在冒出來的情緒和感受帶著走，然後做出自己無法挽回或接受的行為舉動，導致某種後果。不得不的無奈和痛苦，都是設定在靈魂裡的劇本，推動著我們前進；照著劇本設定的人生，明天、後天都有決定好要發生的事。

當我們被劇本帶著走時，是一種無明的狀態，內在會有一股力量推動，除非當事者自己本身帶著意識覺知，超越心裡面那股力量，才有機會重新選擇，扭轉現實。但是大多數人都不知道可以這樣做，有些是內在力量不足，或是信任不夠，都無法超越；面對該完成的課業，無奈與無助會充斥著當事者的心，那種攔也攔不住的執著，敲也敲不醒的執迷，我有很深刻的記憶與體會。

現在，當我聽著學員們在描述自己的遭遇時，能夠很清楚地知道，這就是業力的設定安排。我會試著導引學員去向這些人生經驗學習，既然是課題，就無法避免，只有練習保持覺知，觀察自己的言行舉止與反應，然後一一記錄下來，再重新去看、去選擇（詳細的做法在《人類新操作系統》一書裡）。這是重新創造的路徑，能讓靈魂有新的選擇，得以從不同層次的經驗上來滿足情感的空缺與匱乏。靈魂得到渴望的感受之後，就會解開限制的枷鎖，提升到更高的層次。

課業是一段必須走完的道路，不管再怎麼繞，都會回到原點；除非我們有意識地選擇改變方向與目的地，否則看起來的岔路，其實還是會回到舊的路徑上，就像迷失在茂密的叢林裡一樣。這是我對劇本設定的描述。

．劇本與高我

對我來說，連結高我最大的好處即是「創造全新的劇本」，不管你要用「隨心所欲」還是「心想事成」來形容，總而言之，就是可以自主未來的人生，只是我選擇用「創造」這個詞。要是我們還在劇本的設定裡，那麼創造就沒有什麼意義了。

假如我們想創造的跟劇本設定有衝突矛盾，怎麼辦？是劇本的力量強大，還是高我的威力？你的腦海裡有出現答案嗎？我來猜猜看，你心裡面是不是希望高我的力量強，但是同時頭腦裡又出現另一個想法，萬一劇本的設定無法更改怎麼辦？是吧！

也許有人很不認同，高我怎麼可能更改靈魂裡設定的劇本！

也許有人會相信高我就是有能耐，所以才要連結高我，來改變命運！

甚至也有人完全不認為有劇本的設定，人生本來就是握在自己手上，高我來也一樣！

不管你是哪一個想法，這些都是選擇的路徑，沒有正確，也沒有一定。萬千世界精采之處，就是因為每個人都有選擇的權力。

活在劇本中的人，很難相信高我能創造，這兩者無法有交集。但是物極必反的原理會自動運作，就算現在選擇相信劇本，也不能證明永遠都不會改變；選擇與高我共同創造的人，最終也可能回來選擇相信劇本，因為說到底，劇本是自己寫的……

同時生活在這個星球表面上的物種，都有著屬於自己來到這裡的意圖與初衷，若只是為了爭對錯而來，那麼太小題大作了。因為要完成一個劇本不是那麼容易，一生之中有多少人會與你相遇，有多少人會與你交惡、知心、相愛……這些都需要彼此有個約定，選擇一起來經歷，演完了，就散場，還有下一場生命之旅重新做選擇。

高我，是要來擴展自我的，在頭腦可以運算的範圍之外，帶來獨特的經驗；當自我取得一次想像之外的經驗，就表示在某個層面被擴展了。一而再，再而三，自我與高我相互溝通了解，然後搭配合作，讓高我媒合出更高可能性的機會在自我的生活裡，就是共同合作的基調。

高我不會為自我作出選擇與判斷，因為經驗就只是經驗，在還沒有發生之前，連高我都無法知道自我會用什麼樣的心情和態度來打開這個未知的禮物，只有自我相信高我給出的直覺與行動指令，毫不猶豫地去執行，取得經驗，才有辦法回報給高我相關的數據與資料。自我如果沒有明確的人生方向與目標，高我是無法提供正確的資訊和建議，最主要的原因：「高我是意識，而不是靈魂。」

對高我存在著想像的人，很容易把高我當成另一個神；內心深處情感沒有歸屬，或是情感需求無法被滿足，更會陷入情感依賴的情結，以為高我是心靈上的支持與精神上的鼓勵。這不僅僅是誤會大了，同時也無法真正使用到高我的力量創造。

追求心靈成長的人，有人是因為痛苦，有人是因為好奇，有人是因為興趣，有人是因為工作……這些來自四面八方的原因和理由，匯聚在心靈探索的世界，各取所需，因為初衷意圖不同，拿到的禮物、去到的目地也天南地北。

我發現一路走來，在心靈學習上收穫最大、改變最多、成長最好的案例，幾乎都是來自於帶著痛苦的人，愈覺得自己沒事的人，就愈難有具體的感受和領悟。心靈著重的是內心的感受，若是沒有因為事件而產生感受，那麼所有的學習都只是知識上的增加，只有在親身經歷過一些人生的轉折，內心具備足夠的情感能量，才能引起心靈層次的變化。我用食物來形容，可能比較容易讓大家理解：對一個饑餓和剛吃飽的人來說，食物本身不變，但是吃的人，因為狀態不同，食物也有了不同的作用與感覺。

要創造一個豐盛又精采的劇本，對高我來說很容易；對於重新設定自己未來人生道路的我們來說，卻是相當高的挑戰。要讓自己從零開始，全部是新的，現實的所有一切都成為泡影。這個不是頭腦裡想的那麼簡單，因為眼睛所看到一切都在，怎麼可能消失？我們為什麼要重整潛意識裡的能量，從舊有劇本裡脫離，漸漸地一步一步構建出全新的現實出來？這無法一夕之間就完成，因為我們無法承受那麼巨大的變化。

在與高我合作的我們，是依據我們所能承受的最大限度在前進，有人一步十里，有人千里；這無法比較，跟內在的力量和信任程度有關，但是會愈走愈快，愈跳愈高，因為在經驗值的累積下，我們對高我的信任會逐漸加強，最終成為信念，擁有百分百掌握未來的能力。

這不是頭腦裡的幻象，是真實可以被驗證的鍛鍊。將【系統】的方法落實在生活中的學員超過三年五年以上的不在少數，這些人有的在一年後就過著自己滿意的生活，有的則是兩三年。但不管進度快慢，目前對生活滿意度均在一個水平之上，他們對生命的認知不再隨波逐流，很清楚地知道自己有掌握生命的能力；因為當他們從【系統】畢業之後，就是由高我接手，讓高我帶著他們展開屬於每個人的道路，創造對他們來說，是生活的一部分了。

▪創造之後的蛻變

創造有療癒的功能，而療癒裡也能激起創造的渴望，能真正圓滿生命的終極實相是什麼呢？我認為是：能體認到自己就是命運的創造者，明白自己擁有神的力量，具備創造一切物質經驗的能力。這是我目前給自己的答案。

因為過去某些不好的經驗，內心被舊事件纏住，無法真正勇敢地去追尋自己想要的人生，這種現象發生在每個人身上，療癒能幫助我們放下這些積藏在內心深處的痛，不再帶著傷疤過日子。療癒的初期，剛開始解除掉心裡面的包袱時，會感到前所未有的輕鬆與寧靜；一段平靜的日子過去，生活變得無憂無慮，卻也覺得索然無味。這時候心裡面會出現一些念頭和想法：生命的價值與意義，難道就只是吃喝玩樂嗎？

你一定覺得好笑，這種可以吃喝玩樂的日子還嫌，是不是頭殼壞掉了？

是的！沒錯！學會創造之後的人生，真的就是如此……很令人感到無語吧！

不再需要跟現實拼鬥，沒有了時間追趕的焦慮，生活在由自己安排的步調中，少了競爭、對抗、痛苦、無奈與煩惱。這種悠閒的日子，很多人想要，甚至是夢想。

但是對創造者而言，這是基本的學分，也是最基礎的標準。也許你會以為，這是有錢有閒的人吧！事實上，這是學會創造之後的第一個階段，達到這樣的生活品質與水準，是創造出來的。過去那麼長的時間，從古至今，不斷進步，人卻不一定跟著進步，嚴重退化的大有人在，這是我的觀察。

被舊信念控制的人，還是很多。隨著地球頻率愈來愈快，現實的世界也無法慢下來。這已經形成兩個極端，而且會更強烈，不是活在極樂世界，就是處於悲慘世界；這兩個世界不是由社會地位、成就或財富來論定，而是依內心的自由度與掌握度而定。

外面眼中所見的世界，正在被快速的整理中，不是只有有錢、有社會地位的人擁有權力，集體意識提升過程中，會自動處理這些不平等的現象。然而等著別人整頓好，就以為未來會一片美好，是錯誤的認知；只有投入自身意識能量，共同成為提升意識的學習者，才有機會經驗到那個美麗的新世界。現在的混亂只會更亂，就像篩子一樣，在快速抖動中。你會是留在哪一個世界裡的人呢？

關於這個世界，
你可以在外面發現裡面，
你可以在裡面創造外面。
當外面是你的主人，你的人生可能無能為力；
當裡面是你的主人，你的人生可能充滿力量；

當你向外面學習，你能發現更多裡面的東西；
當你向裡面學習，你能創造更多外面的經驗。
因此，當你覺得無力時，你要從外面回來探索；
因此，當你覺得有力量，你要從裡面出來體驗。

這是高我對我的教導。每日每日，經由學員的故事觸動，或是自身經驗的啟示，我每天都在接收高我的養分。經由高我的一段話，我會進入思考，用新的視角、新的觀點重新產生認知，然後在生活中落實下來。

每一個階段，為我自己建構一組新的現實，成為我心目中理想新世界的一小片拼圖；每實現一小塊，我就能預見到更完整的一部分。經年累月，我逐漸看到版圖的擴大與成長，在我與團隊的共同創造下，一步一腳印地，走在我們為自己鋪設出來的道路上。我們是成功的。

這世界上有很多成功者的故事，這些故事激勵著人們奮力向前，堅信努力不放棄，一定能成功。這是個信念，在緩慢的時間線下，這個信念支持著我們，再苦也願意付出。隨著社會的變化愈來愈快，似乎這個信念被動搖了，人們試著找捷徑，快速成功的案例破除了舊有的信念，價值觀也漸漸被轉變。只是這些看起來跟過去完全不同的物質世界，是否堅持到底，努力不懈還能成功？

或許成功有另一條路到達，有不同於以往的途徑能選擇。這個路徑跟過去有什麼不同？是否成功的機率更高？是否能快速地實現目標與夢想？……我知道你一定會開始這樣產生疑問。我的第一本書《人類新操作系統》裡，說明了人類可以有另一種選擇，不一定只能在外面跟一大群人競爭才能出頭天，並不是擁有財力、背景、人脈……的人才能成功！

假如你覺得自己總是碰壁，總是找不到出路，總是努力之後歸零，用盡力量與方法想要過得有聲有色，看了書，上了課，原地踏步，還是找不到原因……你自問：我的人生難道只能如此？因此我花了很多年的時間，想要告訴有機會接觸到【系統】的人們：人生可以不同，生命能夠超出你的想像。

另一種達到成功幸福的途徑是從裡面運作的，只要是願意嘗試，用【系統】的方法鍛鍊，投入時間去操作，就一定能安穩地踏上你想要的人生道路。

其實在書店裡有很多鼓勵人們回歸內在的書，也有不少經典告訴我們，真正掌握物質世界的根源在「心」。量子力學的研究與技術應用，已經充斥在我們的生活裡；經由來自各方面的專家學者研究，這個原理也同樣運作在我們的意識裡。人類生命的真相趨於整合的階段，我們已能更具體地使用到這個原理，只要有方法和工具來讓人類鍛鍊，就有機會讓人類的意識產生量子跳躍，跨越到另一個層次的文明。

這些年，人類的意識大量地轉變，顯現在物質世界的樣貌就是我們看到的那些動亂，因為人們開始有了不同的想法，不再用過去的模式來處理和面對，也不再用過去的想法來解讀。這是一種覺醒。

覺醒必定是從痛苦中開始。每天每天密集的新聞報導，從新聞畫面中得知世界各地發生的事，你雖然不在這些事故裡面，但是你可以看到集體意識覺醒後的過程。社會是由集體意識所顯化出來的，一個人覺醒，改變就由那個人開始；一群人覺醒，改變就由那群人開始；一大群人在世界各地覺醒，整個新聞畫面就呈現在你眼前。

是覺醒帶來痛苦，還是痛苦帶來覺醒？這兩個都是標準答案。有人是前者，有人是後者，有人是介於這兩者之中，但一旦開始出現，覺醒就會停不了的發展下去。一群守衛著舊制度的人，跟一群創造新規則的人，只要對新世界有著期待，又無法在現有的物質條件中實現，那麼衝突必然要發生在現實裡，才有機會做改變。既得利益者的捍衛也必定會發生，對舊有的存在是毀滅，對新的創造卻是重生。不了解這運作原理的人，可能會因為外面的動亂而感到憂心。

事實上，在更高層次覺醒的人，會明白，這些過程導致的結果，是來自於舊有意識的瓦解；那些在改變中受到傷害的人，是偉大靈魂的選擇與犧牲，讓人性記住這些教訓，在每一次的變革中所產生的效益，能夠想得更深、想得更遠。這裡面也同時要放下救世主的情結，看見所有的一切皆來自根本意識。每個人所承受的，必然是曾經給出去的；每個人所經驗的，必然是內在的信念顯現。

也許有人會想，誰會有自己發生災難和痛苦的信念？當然不會有人這樣想。更深入去思考和觀察，就會發現，這是個審判的信念。沒有人能保證自己這一輩子一定都是做對的事，一定不會有虧欠，好人有好報、壞人自會有報應的價值觀與信念，也同時在審判著你我。

在人性的世界裡，只要是不能滿足心裡想要的結果，好與壞的判斷就會出現，你認為好的事，可能有人覺得那是錯的。因此，好與壞絕不是由自己單向去定義的，而是以集體的結果來分界，這裡面有人的良知，良知會讓我們看見自己的準則。保有純真的良知，對於事情的判斷，才能以生命的演進角度去看、去理解，放下以攻擊方式回報對方的想法，以牙還牙永遠循環不完。只有人類到達這個層次的覺醒，世界才會出現和平。

美麗的新世界已經存在於某個時空中，人類覺醒的程度與速度會決定何時到達那裡。只要願意放下舊有的一切，從頭開始，這動亂的過程就會縮短，動亂的傷害也會降至最小，這一切也都來自人類集體的選擇與決定。

意識覺醒的過程，會相對帶來毀滅和重生、摧毀和重建。有守護過去的人，有創造未來的人，在這巨大的共同劇本中，所有的參與者就是出生在此時、活在此刻的人類。

可能有人會覺得世界愈來愈不好，可能有人覺得到處都在發生不好的事，可能有人覺得世界要末日了……為了邁向另一個不同頻率的世界，舊有存在的一切樣貌，都是由人類自己本身創造出來的，所以這是內在推翻自我所顯現出來的結果。當你要求世界的公平和正義的同時，你也正在要求審判和定罪，這儲存於你內在的信念，會為你帶來同樣的回報。

多數人不會覺得自己是壞人，多數人不會相信他人是好人，多數人都在這兩者之中，多數人在他人眼中和自己心中都有答案，多數人對自己會受到的審判可能全然未知；在這裡面會遭遇到災難的，並不是只有你知道的好人或壞人。

在靈魂深處，你曾做過的事，都深植在生命的檔案裡。寬恕他人等同原諒自己，給出什麼就得到什麼，世界要大同和平，必須建立在這樣的基礎下。

在人類的集體意識還未完全淨化到這個層次時，動亂是必然的過程。要讓災難平息的方法，需要由人類集體的平靜內在來創造；那麼多心靈成長的學習方法不斷出現，目的就是在和緩這過程中的傷害。由你開始，由你身邊的人開始，由你之外的其他人開始，每一個「你」都是中心點，每一個「中心點」都是發射站——

「你」正在看此文
「你」正在做此事
「你」正在成為中心點
「你」已經是那個發射站

第六章

分享高我的教導

你是創造自己世界的人，但是你無法創造他人的命運。

到目前為止，我認為改變世界最和平的方式就是從意識頻率的層次開始。每天從電視、網路上，看到全球各地的新聞、那些高談闊論的名人們，顯見我們正集體處於驚濤駭浪中，被急速地翻轉中。

從小處著手，開始一個又一個的教導吧！

我們知道，當一個人的內在提升直接反應在思想的維度上，能夠以多個角度與面向來看事情時，就表示他的內在狀態是靈活、沒有制約，寬廣而自由，能自在地觀看所有事物的發生，並能深刻地看見這發生背後的禮物與目的。

這並不是指，能說出一口大道理的人就是內在頻率很高，而是「發生一件與其本身利益相關的事情之後，看此人如何反應就能明白」的高級測試。當今社會上的變動，有相當多的機會讓我們進入這個測試中，你的覺知速度沒有跟上想法的變化，就無法掌握即將發生的事。當你有反應的時候，多數是在意識已經成為事實之後，而你必須採取一些措施來面對和處理；假如你的生活多數是在這樣的情況中日復一日地循環，那麼你肯定有相當多煩惱要解決，也必定有解決不完和處理不了的難題。最終這就是高級測試之後的真相，我也是在這些測試中看到自己的真實面。

要反轉人生，

首先就要從你的想法開始著手。
你不需要急著練習正面思惟，
比較重要的是找到你的信念和現實之間的關係，
是什麼樣的信念導致了如今的結果？
只有這樣，你才能從意識的層面做出改變。

當你發現了那個點，
你可以想像一個畫面，
就像在宇宙虛無暗黑的空間出現一道光，
那道光即是你的覺知，
你的覺知能改變所有的一切，
包括你的現在和未來。

每一次的挫敗，高我都在；然後一句話，把我從泥裡拉出來。我一邊洗掉身上的髒污，一邊重建自己的認知，調整再調整，倒了再站起來，累了就休息，什麼時候我想開始了，機會就一定會出現。在一來一往的過程中，我被粹煉出堅強篤定的心智。面對天搖地動的震撼時，只要我認出這裡面有高我參與進來的訊號，那麼擔憂、害怕會很快地從我心裡面消失，取而代之是心裡面的篤定。

數千數萬學員的回饋裡，我清楚確認：當一個人的內在被改變，世界就會不同。

人們內心對未來的渴望，都朝向同一個目的地，只是多數人把力量用在外面，帶著匱乏的意識在物質世界爭奪，不斷地製造紛爭。這需要從最根本的意識源頭做調整，從內在化解衝突與對立，外面的世界自然就會和平，這是每個人可以為自己、家人、朋友、職場、社會及至全球所做的努力和付出。

物質世界是由意識所顯化出來的，人人帶著貧窮、貪婪、匱乏、恐懼、不安的意識，這個物質世界怎麼可能豐盛富足呢？宇宙回饋給每個人的基礎點都是平等的，由誰開始付出，就一定由誰開始收穫，因為改變就在那一刻間發生的。

心跟物質的距離用時間來填補
心跟頭腦的距離用生命來填補
在物質和頭腦的空間裡
只有心才能補滿那空缺

這是多麼值得人深思的幾句話！在這些文字裡，我有屬於自己的體悟，那麼你呢？高我所使用的語言，沒有安慰，沒有情感支持，只是簡單的幾句話，然後讓我落入深思，為自己找到禮物。當然每一段話的出現，都在我保持覺知和觀察中，才能具體明確地看出來，在腦海裡思惟方向的落差。

・將自己的神請回來

人，只有在面臨困境或走頭無路的時候，才會想起神，才會想要求助於人之外的力量。所以「高我」也成了人所祈求的另一個神了嗎？在精神層次上，我們能找到的寄託是否有可能是我們自己本身？

> 要是你覺得需要另外一個神，你的生命才有安全感，
> 那麼在接下來的日子裡，你可能會極度不安全，
> 因為現在所有的神都來當人了。

有一次學員的書寫內容讓我感到苦惱。因為想要學會創造，遇到問題時，卻去問神

或算命師。這是初學者會遇到的狀況，內在力量尚不足的情況下，需要從外面去尋求，卻失去一個向內在請求與協助的機會。或許這是高我的機會，因為我們的選擇，卻把支持與依賴轉出去外面，也許可以解決當下，但是這樣做，高我永遠無法取得我們的信任，只是一個名詞而已。

所以本書有一個章節〈高我的世界裡，沒有神〉，這並不是對神不敬的態度，相反地，這才是跟神最靠近的選擇，因為我們把神請進來心裡面了。讓神安住在我們的心中，無時無刻照顧守護著我們的心，就是把神居住的空間保持清淨；對神虔誠的供養與尊敬，就是時時刻刻有愉悅的心情。當我們對自己指責時，神住在裡面，聽到的不就是對祂的指責嗎？

表面上，我們在外面的行為舉止，跟我們心裡面對待自己的方式，往往有如一場夢，到底哪一邊才是真的？佛在心中，那我們又是如何對待自己的心？這是可以深思的觀點，也是高我的提醒。

你能去那裡呢？
帶著想離開物質世界的心修煉，
那麼物質世界永遠都會是你的修煉場，

你哪裡也去不了，
因為心中有物質世界。
不想輪迴再來的意念，
永遠都會繼續輪迴，
因為你心中有輪迴。

你只會去內心的深處，
心中有愛，
所到之處，無論哪裡都是愛。
沒有設限時，才能自由來去。

我曾以為修煉的最高境界就是不會再輪迴，高我的這段話讓我驚醒——是這樣嗎？那該怎麼辦？如果沒了這個終極目標，我不知道自己為何要修煉了！

「造物主」不是用來稱呼神，而是拿來形容人類生命價值的稱號。
意識塑造出萬物，神也在其中。

你信念中的神是什麼模樣，你的神就是你所想的那樣，不多也不少。

你的生命也是一樣。

這段不是解決我剛剛的疑惑，而是讓我從另一個方向去看，我為什麼不想來輪迴。是想要成為神嗎？還是在我的認知裡，不是人，就是神；人是痛苦的，神是快樂的；人是有罪的，神是無上的存在。我厭惡這個世界嗎？否則我為什麼不想再來，這裡不是有我愛的人嗎？……

你的命運跟態度是一體的兩面。

夫妻吵架是正常的，不會有人為了這件事去向內探索。

工作不順是人生的常態，不會有人為了這件事去上課。

身體不舒服是理所當然的，不會有人為了這件事去學習。

直到這件事變成了「痛苦」，無法入眠，嚴重至極，人才會想要解決或處理。

在達到這種情況之前，多數人的認知都是「正常」的，因為家家有本難念的經，家醜不外揚。

在你們的認知裡，
這些不是訊號，也不是提醒，是每個人都有的正常情況！
難道，不快樂……是正常的？
難怪，有困難……是正常的！
在你的信念裡，
你允許身心受摧殘，你接受命運不順利，你認同自己是來受罪的，
因此，你無法在舊的人生觀裡超越，也無法從舊的迴圈中脫離。
在你的世界裡，你生活中所承受的一切，
皆來自於你對這些狀況抱持的態度。

因為這些信念，我覺得人生是苦的，成為人是因為犯了罪，來這裡接受懲罰，我必須要修煉，把這些罪償還完了，才能再度成為神。我心裡面不想再來的根本原因裡，有著我給自己定的罪責，還是因為神對我判了罪？假如神住在我心裡面，那麼是我自己導致的，跟神沒有關係嗎？

一個可怕的社會事件發生，

是因為神不見了嗎？
神沒有盡忠職守，守護虔誠子民嗎？
那麼誰來懲神呢？
有更高境界的神嗎？
如果是神創造了這些事件要來教導人們呢？

這是一場聖戰。
人與人？
人與神？
神與人？……
最後還可能是
神與神！

其實這是很多年前我跟高我的一場對話。在這對話裡，我重新建立了對修行或修煉的認知，也開始踏上「認識自己的神」這段旅程。高我是我請回到心中的神，我在與高我的合作中，與神同行。

・你的內在有多強大，你的神就有多偉大

⊙你真正想要的是什麼？

有一次跟一個國外的學員在對話，其實是聊天，只是學員提出來的問題太有學問了，所以我選擇放鬆讓高我來回答。這個學員說：「成為神之後，是不是就無所不能？」

人的想法裡存在著想像不到的局限，
隱藏著，躲在很深之處，
直到有天發生了某件事，
你下意識的判斷，無意識的推演，
在表意識的邏輯裡，
你的想法披著天衣無縫的彩衣，
事實上是在保護封閉不信任的心，
於是跨不出去，又退回原來的那個點……

等到歲月的腳步催促，恍然回頭，
你什麼都沒得到，卻失去了生命的無限可能性。
當你提升到創造的層次，你會真正地發現——
其實你想要的真的很少！

沒有了困難，
沒有了挑戰，
沒有了夢想，
生活裡一片舒適，
你再也無需去做「應該」卻「不想」的事情時，
就會發現到另一個更具體的真相：
你的存在價值已經不在了！
這是神的心聲，
空有一翻功夫，卻無用武之地，
那麼，成為神要做什麼？

是啊，當我有無所不能的力量之後，我要做什麼？如果每件事都很順利，想一下就實現，完全不需要費心費力，那麼會有什麼樂趣？我因為高我的回答，又被打開另一個視窗：我真正想要的是什麼？你呢？在你看完這段話，會有什麼樣的反應？寫下來，這段話激起你什麼樣的內在回應，你跟我想的方向一樣嗎？我因為這段話有了不同的體會，你是否也會因這段話有了不同的見解？

⊙不再抗爭，讓信任接手

高我是高層次意識的存在，從高我的視角裡，我可以取得不同於過去認知的視野，對我有很深的影響；我在省思的過程中，會找到自己看不見的衝突與矛盾，也會重整舊有的信念，在整理中發現自己需要改變，並且落實這個改變。

在經過書寫之後，找到改變的目標，就會將目標放進去量子場裡，因為我知道，所有進到量子場域的目標都會實現，並且不會以我可以預想的方式來讓我經驗。這是幫助我自己落實高我教導的選擇和決定，不管這個目標會把我帶到何處，我都帶著信任的態度去經驗。

所以在我陷入困境中（有人說是黑暗之處），人性部分的反應就會出現，覺得自己受不了了，沒有辦法再繼續下去，請高我幫幫我……別以為這樣高我就會伸出援手。我在自己的暗谷裡呼天搶地，祈求高我的力量，期盼高我能讓現實正在發生的困境出現轉機。其實從高我的視角來看，我是把自己閉鎖在認為自己「無能為力」的牢獄裡，然後將問題丟給高我；在我的認知裡，覺得高我可以控制未來，所以未來就交給高我。這是很多人的迷思，事實上是因為我們自己沒有見地，被眼中所看到的現實困住，忘了要往什麼地方前進，忘了初衷，忘了為什麼在這裡，要是我能找到那個點，其實就能從暗谷裡出來。

以下這段話是我出了暗谷之後的高我給出來的馬後砲。怎麼說呢？因為當我陷在負面的情緒時，根本聽不進去這些話，只想馬上得到答案，甚至還會有埋怨和憤怒。等到自己稍微冷靜下來一點，才願意開始拿起筆來寫。

未來，從來都是未知。
雖然大家都知道，
卻總是想要控制住每一刻，
不想要有那麼一丁點不確定發生。
這是頭腦控制欲在作祟，
以為每一件事都如我們所想的那樣才會是好事，

擴展看事情的面向，
就有能力將危機變轉機

如果不在我們設想的範圍內就是不確定，
「不確定」帶來不好的感覺，
於是下意識的連結就是「不好的事」。

人們慣性思惟所串連起來的意識流，
沒有保持在覺知的狀態下，
很容易被這種不知不覺的想法帶著走。
然後同時也在心裡對這種制約性的想法做出回應和選擇，
於是未來就在那一刻被決定了。
接下來，當然就如頭腦所想的那樣發生。
這時候就更應驗了頭腦裡的邏輯推演，
證明擁有掌控所有一切的能力，
卻不知道那就是意識的顯化。
自我的技倆一直是這樣在管理身體這個載具，
失去覺知的人就像頭腦的僕人在侍奉著，
人生也就這樣虛度了光陰至終。

靈性的探索和學習能讓覺知被打開，
一點一滴地發現自己長期被鎖住的感官，
然後從習慣性的感覺中跳出來，
這就是覺醒。
覺醒是有層次、有階段的，
是一條走回自己內在精神體的旅程，
旅途中唯一能讓你不斷前進的力量就是「信任」。
當你質疑或不確定時，
你會停下腳步，然後帶著當時的覺知狀況，
去經驗自己的頭腦所創造出來的事件，
直到你又從這個層次中醒過來，
看到自己又被制約的思惟帶走了，
才會重新回到這條回家的道路上。
所以，只有信任，

你才能走回生命的源頭，
找到自己最真實的力量。
然後回到物質世界時，
你會發現內在的力量已將你帶回心中所嚮往的國度，
你擺脫了頭腦的枷鎖，
讓外面的世界回歸到心中的企盼。
而這條長長的道路並不容易到達，
因此，當你走到了，
你值得擁有一切豐盛在你身上，
這才是生命為你存在的最真實目的。

這是靜下來才有辦法接受的教導。我是否願意去進行這樣的鍛鍊，讓自己從頭腦的設定裡離開？強硬的自我擁有豐富的人生經驗，怎麼可能高我的幾句話就把自己打跑！如果是這樣，要高我做什麼？我自己來就行了，什麼修行、修練，在我需要的時候根本沒有用！

我的性格很強勢，要讓我一層又一層的放下，並非易事，只能不斷發生困難重重的事件，在頭腦當機停擺，不甘不願地放手，不再去抗爭時，才能讓信任的力量接手，順其自然地發展。

⊙停止外求、抱怨

這過程可能很多人都有。一直以為，「知道自己想要什麼」也許是種錯覺，「在生活中沒有一件事順心如意」就是答案，我的內在如果不夠強大，那麼我的神也發揮不了作用，因為我的承受力有限，就算是要給我什麼機會，也要看看我自己是否準備好要接受這個挑戰，這才是真相。

為了要讓內在的力量強大，需要更高難度的粹煉，一關又一關，那力量就是來自無數次挫敗與打擊的經驗。想要安逸又想要有成就的未來，那麼就一定會經歷這幾道程序。害怕人生挑戰的人，必須要認清，平淡和平凡的生活，是自己的選擇，若沒有看清這個底線，想要平淡的同時，又想要成為有用的人，那麼這個衝突的信念所導致出來的現實，可能連當事者都摸不著頭緒：為什麼我的人生會如此？我要的不多，怎麼會有那麼多不順利的事發生？我只想要有個安穩的生活，怎麼就那麼難？……問問自己吧！這裡面是什麼樣的信念呢？

「向外呼求」如果成為你的習慣，那是件可怕的事。在那麼多粹煉的歲月裡，我已經養成使用自身力量面對挑戰了，因為我知道，我偉大的神需要用到我內在強大的力量，而這些有難度的事件，正好就是我為神所做的鍛鍊，為了將生命的價值最大化。把那種想要向外面吸取力量的習慣找出來，什麼樣的行為是在向外吸取能量呢？

做不到，只是現在而已。
除非你堅持相信自己做不到，
否則只有「做得到」這個結果在前方等你。
那你還在……等什麼？
快出發吧！

這是我還沒發現外求習性時，高我給出來的提醒。因為這段話，我堅持了下來，把習慣找人抱怨、喝咖啡聊是非的習性改掉，練習讓心裡面的不舒服產生改變的力量。就是因為不舒服，才會引起我的注意；就是因為不舒服到了極點，我才會有改變的行為發生。這是我對自己心智的鍛鍊。痛苦是養分，不能隨便浪費掉，正所謂良藥苦口，我真的是深刻體悟到這句話的含意。

在你想活出心目中的自己之前，
你必須先活在那樣的自己之中。
你的頭腦會判斷你在假裝，
但是你的心知道自己將會如此。
這中間的落差是內在和外在的距離，
這落差的空間中是生命的功課，
而你要知道，心是沒有距離的，
需要努力的是讓頭腦相信自己的心。

你能做到的遠比你想像中多更多，
你能經驗的遠比你渴望的更神聖，
你能創造的遠比你知道的更豐富，
你能改變的遠比你想留住的驚人，
你「能」的事物遠遠超乎你現在的界限。
但如此的你卻總告訴自己：

我已經很滿足，
我已經很感恩，
我已經很幸福，
我已經很好了。
「你可以更好」的欲望是罪惡，
你怕欲念會讓你失去現在，
你用有限的詛咒克制自己。
你的心態示現的不是滿足，
而是那根本的罪惡與貪婪，
仍舊藏在你看似的平靜裡。
你只是尚未找到合適的理由，來讓你展翅高飛。
在此之前你仍有懼怕，
怕貪婪將你的現在吞噬掉，
事實上這股能量正在這樣做，
正在吞噬你可能的創造，
你的雄心壯志披上罪惡的衣掛，

你已經臣服於小我和自我的意識裡。
正因為你已經感知到那即將到來的巨大能量，
你和你的世界不會停在此刻，
在你走了長長長長的旅程，
這只是暫時的歇息。
你的靈魂已經被鍛鍊完成，
你擁有的內在力量將帶領你到達另一個彼岸。

這是段會讓我感動的話語。我經歷了那麼多，創造對我而言，愈來愈容易，現實的生活已經讓我無憂無慮，我還要創造什麼呢？每天睡到自然醒，沒有什麼急著一定要完成的事物，不缺錢，沒有負債，想玩就玩，想休息就休息，這樣的日子過了一段期間，心情愉悅自在的不得了，讓人稱羨。

一個月過去，半年過去，一年過去，然後呢？可以玩的、體驗的，差不多都經歷了，有趣的日子開始變的無趣，有感的事物漸漸地無感。我開始發覺「令人稱羨的生活」很無聊，漸漸對很多事情提不起興趣，想找到可以讓自己感動的東西，可以激發出情緒的事物，可以轉換出生命力的感覺。

⊙生命就是要不斷經驗新事物

後來我明白了，這種令人稱羨的生活，只是人生的過程，是一個階段。任何事物，只要經驗夠了，自然而然就會開始想要改變。原來生命是要不斷經驗新事物的。

於是，我重新出發。在一切滿足的狀態下，我能做什麼呢？成為一個有意義與價值的生命體，將自身的經驗分享出去。那麼要從哪裡開始第一步？

人總想著要從外面的世界得到什麼，
為什麼不換個位置，
想想自己的裡面能給出這個世界什麼呢？
你的價值不在於你表面上看到的那些而已，
更重要的是你的裡面到底還有多少寶藏？
你要給出來才會看到。

是啊，我的內在有什麼呢？我能對這個世界給出什麼？幾經思考，高我的提問敲著我的心。什麼都不缺、什麼都有的情況下，不僅僅在於我想做什麼，而是我能做什麼！

當你放了一個目標進去量子場後，
改變就會發生，
只有當改變發生，
你才能印證自己的創造是否在實現中。

有一種改變是基於夢想；
另一種則是迫於無奈下，
就像是被命運控制住一樣。
不管結果會如何，
前者的改變是雀躍期待，
後者則是痛苦難挨的。

後者通常是害怕改變的人會經歷的人生，
因為劇本會安排事件發生，
來讓你成長，並讓靈魂提升。

前者想要改變，
多數是已經了解到「自己可以更好」的事實，
出於對未來充滿希望與夢想的人，
會主動去創造改變，
對於人生的態度，帶著渴望，
就像是個勇士，不怕改變帶來的不安，
對未來沒有過度的擔心，
願意去挑戰更多可能性。

我身邊很多活在舒適區裡的人，因為無憂無慮的日子過慣了，只要有一點點壓力，很快就會放棄，然後回到原點。

有退路讓我不需要全力以赴，在嘗試幾次想要做點什麼之後，我斷然回到原點。是我跟這個社會的人距離太遠了，還是在告訴我，不需要改變？我同時很清楚地知道，繼續這樣的生活，會讓自己變得沒有生氣，因為我很明顯感覺到，生命力和熱情在我心裡逝去，我努力想要用感恩的心說服自己：在這麼動盪的環境下，能有這樣的生活品質算很幸運了，為什麼還要搞這些有的沒的！我是太閒，太沒有企圖心，也沒有想要成為多麼有成就的人……

這些阻止我改變的內在聲音，總在夜深人靜的時候冒出來，隨即又有另一個聲音在推動著我：

未曾擁有，何來談放下？
你不曾經歷過生命的宏偉；
在行有餘力之年，
你的選擇就是讓這個生命歸於平靜。
事實上，「放下」是相當高價值的領悟。
你要放下的不管是什麼，
至少那要是你付出相當大的代價與心血，
然後明白了悟到身外之物是無法帶走的。
有了這個領悟，才有資格談放下。
在這之前，你根本尚未真正經驗到自己的創造，
因此，你根本沒有什麼好放下的；

如果有，那也是你對自己的期望，
對離開舒適區的戀棧，以及對自我存在價值的放棄。

這是我的人生選擇。如果沒有意外的話，未來我還有數十年可以活，那麼我要怎麼去過那數千個日子呢？每一天我都會想到這件事，也在觀察自己能被激起熱情，在心裡有火花、心動的事物。

忽然想起「物極必反」這四個字，不管什麼事，久了就會膩，久了就會變，對於喜歡新鮮好玩的我來說，這個週期似乎不長，我很快就會對同樣的東西膩了。其實，這也是創造的特質之一，因為創造就是變動，只是變大變小而已。我清楚自己是無法在舒適區撐太久，於是重新開始創造吧！

▪開始創造

⊙人生還有很多的經驗在等著你

分享自己的人生經驗，是我所熟悉的事。要讓更多人知道如何創造，並不是難事，只是這個模式已經玩了很多年，我希望有更不一樣的展現。這對重新要出發的人來說，有點小挑戰，但是我有高我，必定可以完成。重要的關鍵是，我做了重新出發的決定，接下來很多靈感就出來了，這又是另一階段的創造。我想要離開舒適區，就必須同時離開同溫層，才能接觸到不一樣的人。

高我並不會去主導我的選擇，因為我已經不在劇本的限定裡了，我可以完全自主自己的人生。這個階段的創造跟之前不同，我給自己選擇了一條新的路徑，要去面對完全不同世界的人，所以第一個挑戰即是公司設立，然後開發出跟課程理念可以搭配的產品，我學習當個商人，從我陌生的領域開始玩。

成立公司的第一筆資金很快地主動到位，接下來就是遇見產品的研發者，然後國內與國外的團隊自動成形，我就這樣展開了商旅之路。

商場上的修煉很直接，我想看看自己過去練就的功夫，是不是能在利益相爭的世界裡發揮功能，是否能守護住自己和團隊，會不會在利益衝突中，迷失了！

國外團隊的背景讓我可以深入地了解到台商的心情，在多次的互動中，來自不同國家的學員分享著彼此的故事。我以學習者的心態與他們交換生活的經驗，這樣的教學相長模式，是我很喜歡的，卸下老師的光環，自己轉換不同的心情，單純地以分享的態度面對各種不同生長背景的人們。

一場又一場的演講活動中，我用華語介紹自己與【系統】，原來很多人都看過我的書了，是我完全不認識的讀者，甚至有人還把我們的書翻爛了，裡面寫滿了筆記，知道我要到他們國家演講，長途跋涉帶著書前來。當我簽名在發黃的紙上時，眼角濕潤的淚水慢慢滑落……我謝謝自己做了這個選擇。走出去看到等待我的人們，我才明白一直以來高我的暗示、明示和提醒：原來我的人生還有這樣的經驗在等著我。

⊙只會有當下

你每天都很忙碌……

在忙碌的背後有個動機與目的。

無論那是什麼，
你的注意力都要在此時此刻，
而不是將來或未來。
你的信念裡，有個恐懼，
怕現在不如何、未來就會如何又如何！
如果明天裡有你，
那麼在明天那個時空中，你會如何？
如果你不確定自己有明天，
那麼今天的你，又會如何？
換個角度想，換個位置看，你的每時每刻；
換個方式做，換個模式過，你的每天每日。
設想，只是一個開始，當你開始了……就只會有現在而已！
因為明天也只是個設想，你活在設想裡，
對沒有把握的下一刻，
你用盡今天的精力在明天或未來，
至少在你的意念裡、想法裡、認知裡，

你留在「目前、當下」的比例少之又少。
這種情況下的你，永遠有未完成的今日，
明日極大部分在補足今天的未完成，
所以有遺憾、有放不下、有牽掛……即使明天裡有你，
仍舊是未完成的「你」，無止盡延伸！

這是我跟一位很有成就的企業主談完話之後，回到飯店所寫下的一段話。我知道這是要送給誰的，所以寫下之後就發到手機裡給她，幾秒後我的手機響了，電話那頭的聲音充滿震動，又急又快地說話速度，我沒有辦法完全聽懂，因為外國人的華語，文法和用詞，再加上英文，我要很用力聽才能理解，但是我能感覺到她是興奮的。

一個財團的大家長，有著我想像不到的龐大事業體，人生的歷練超過我好幾倍。這些話是高我送給她的，正搖擺著要不要退休，去做心裡面一直很想做的事，卻因為事業上的牽掛，遲遲沒有做出決定。在飯後跟我談完話回家的路上，全部都在想著我所說的話，一進門就看到我發給她的訊息，心裡滿是感謝。她說，我讓她完全看懂了自己執著的點，即使現在不會馬上做出決定，但是她已經知道怎麼做了。

我不清楚這幾句話對正在看這本書的你有沒有幫助，但我從高我這樣的觀點中了解

到，我在時間線上的以為和想像，其實是沒有保持覺知在當下。人在這裡，心在那裡，頭腦又同時在處理著其他的事情，那樣忙碌的我，四分五裂。從那位企業主身上，我也學習到一件事：再怎麼有成就的人，心中仍舊有想要完成的心願，而且那個心願在大多數人眼中，可能是完全不起眼的事情。

卸下所有表面可以看得見的一切，回到裡面的心，有錢沒錢，成功或尚未成功，通通都是一樣的；那內心深處的渴求，被埋藏在很深很深的裡面，所有在努力追求的，可能根本無法滿足我們以為的內心。

⊙所謂命運，是自己的選擇

人生的過程數不清。同樣一個人，因為覺知層次不同，演化的過程和結果完全不一樣。當我們從命理的角度得到一個答案時，有一種人就真的成了那個答案，另一種人呢？可能是想盡辦法不成為那個答案。

我認為命定是存在的，這是一個人對生命的信念，也是一個人對人生的選擇。當我們被算命的人告知將有偉大的成就時，或許會不相信，但是卻活出那個答案；或許相信，當遇到阻礙時，是這個相信，讓我們沒有放棄，最終還是活出那個答案。

你是否會為那個答案付出一輩子的時間呢？如果未來根本沒有答案時，我們是否可以活出自己想要的結果？

預知，是件好事或壞事？
沒有一定的界定，這都是人生的過程，
而你擁有了所有的權利做選擇和決定。

沒有一條好走的道路，
只有一條路通往你相信的世界，
你可能走到底，也可能半途而廢。
假如，你活著不是為自己心目中想要的答案而付出，
那麼你該回來審視一下，
問問自己活著只是為了「活著」嗎？
生命有無限的價值，在你決定來這裡之前就存在。
也只有來到這裡，生命才會真的實現那個價值；
用生命活出那個價值的同時，

你的靈魂提升到另一個不同的層次，
為你帶來下一次生命之旅的更多選擇，
你能在有限的時間裡體驗到更多可能性。

你絕不是為了追求平靜而來，
你也絕不會為了死後到天堂而來，
你更不可能為了三餐而活著。
如果是那樣，
生命對你而言就太沒有意義了。
超越你生命本來的劇本，
那個劇本就像是你的父母在你尚未成年前為你設想的藍圖，
但只要你想擁有更不同的人生，
絕對不會有任何人或任何不可抗拒的力量阻撓你。
只要你堅持對生命的信任，
讓這個信念支持著你去經驗任何可能性，
你才是那個發揮生命價值的神聖創造者。

「創造被他人需要的價值」，這句話此刻出現在我的腦海裡。這幾年從商場中學習到很多，後來發現商場上的人性並沒有比較黑暗，我反而看到很多想真的做點事的成功者，在行有餘力的狀態下，願意給出更多自己，活出有價值的生命。

⊙盡早探索自己

在地球表面不知繞了幾圈，奔走在世界各地的台商們，企業裡需要養活數千數萬個家庭，馬不停蹄地行程中，他們的人生已經不再是為自己的基本需求而做；要收掉一個廠，或是增加另一個分部，每一個決定都牽動了我們想像不到的層面。我很幸運有這樣的機會學習，看到舊有世界之外的世界。這個創造，在我的想像之外，再忙再累都能笑著熬過來，再一次我回頭向過去的自己說再見。

這件事不急，
你有一輩子的時間做。
探索自己，

了解自己，
認識自己，
是很重要的事，
卻不是很緊急。
你有一輩子的時間做這件事。
只不過，
如果你想早一點成功的話，
那麼就早一點去進行這件事。
難道你沒發現，
那些成功者都是清清楚楚明白自己想要什麼才成功的嗎？

要讓企業主坐下來了解自己，本來的我覺得不可能，沒想到事實相反，這些成功者對「了解自己」原來比任何人有興趣；他們知道內在力量的威力，知道自己如果不夠堅定，事業不可能成功，知道人生一定有需要面對的挑戰。從成功者的眼中，我發現到他們所具備的特質，就是內在力量超乎我想像的強大。我回憶著心中想到的眾多學員們，我似乎能夠洞察到某些人是無法成功的。

原來，失敗的本質是存在的，不管我是否欣賞那些成功者，即使人品或性格我無法認同，但是唯一相同的地方，就是成功者擁有強大的內在力量，這是他們在遇到挑戰時，可以平安渡過的本質。所以，鍛鍊強大又堅定的心智，是踏上成功道路的重要關鍵。幸福與否，成功與否，快樂與否……都是生命裡的過程，沒有一種從頭到尾的幸福、快樂與成功，也沒有從頭到尾的失敗、痛苦和悲傷。

‧走出你的世界之外

⊙心，才是物質世界的主人

在你熟悉的世界中，
仍有相當多你尚未真實經驗到的事物。
人類大腦的功能是處理一切的資訊，
當大腦的工作完成，
就會產生完成的訊號，

讓你以為已經懂了或是理解了，
但真相是：
你只在大腦的階段完成，
距離真實經驗還有一大段距離。
你必須了解自己的身體是如何運作的，
才能針對這些從腦海中出現的每一個訊息來做判斷，
而不是迷迷糊糊地被自己裡面的訊號搞混了。

你的大腦是身體裡其中一個可被你使用的器官，
你並不在這個器官裡，
而是使用這整個身體功能的主人，
只有當你的覺知頻率超越這些訊息出現的速度，
你才能完全掌握住這個身體。
更重要的是，
你必須了解心的能量是大腦的六百倍，
心的力量透過開啟和鍛鍊，

是能完全操控身體機能的；
只是多數人都忽視了心的力量，
卻把精力花在頭腦運作的層次上，
以為這樣可以掌握一切，
卻不了解，心才是物質世界的主人，
頭腦只是想像而已。

要想過著隨心所欲的生活並不是難事，
相反的，對人類的本能而言，
這是一件極其自然的發生，
在你明白透徹這個真相之後，
你就能到達另一個國度。

在隨心所欲的世界中，
你能重新創造出什麼樣的世界呢？
在你的世界中，人們都過著怎樣的生活？

你能夠用意念創造出你的家人、朋友、所愛的人都過著隨心所欲的日子？
你又能讓他們得到什麼樣的人生經驗？
你有多麼大的心胸跟格局，
願意看到多少人過著幸福的日子，
包含你心中不喜歡、厭惡的人呢？

去吧！示現你自己，
看看你能為心中所想所願，付出什麼力量和努力呢？
看看你能否為自己所愛的人帶出讓靈魂提升的人生經驗？
看看你曾為探究自己的古往今來，所學習到的力量，
可以如何實現在物質的世界裡，
走出你腦海中的想像，
讓那些可能性變成事實，
用你自身的力量去示現。

「心，才是物質世界的主人」，是上面這幾段話，我最有感覺的一句，你呢？很多

人不懂「心」，不知道怎麼「用心」，對於「心」是怎麼運作的，完全沒有概念。透過學習，可能知道自己是否為頭腦型的人，但是說到要離開頭腦，卻毫無頭緒，不清楚要怎麼使用「心」。

這是我從很多書寫內容中發現到的事實。要形容心裡面的感受，很多人詞窮，說不出來，也分不清楚情緒和感受的差別。於是為了改善這個問題，高我又研發了「情緒掃毒」的課程，讓學員們可以了解情緒，然後轉化情緒為動力，並且提升對內心感受的覺知；因為要運用意識創造，就要使用到「心」的能量，搞不懂自己的心，就無法掌握創造力，即使他每時每刻都在創造。

頭腦裡的邏輯推演，讓我們有很多合理的設定，認為事情沒有照這個設定發展，就是遇到了阻礙；沒有照著我想的方式發生，而且結果也跟我設定的有落差，這時候心情一定不好，嚴重的還會焦慮不安，情緒起伏，驚慌失措，然後呢？愈演愈烈，情況完全失控……

我相當懂這種感覺，因為我就是這樣的性格，自我很強大，只要有事情不順我意，憤怒的情緒馬上從心裡面冒出來。對著外人不會表現出來，但是回到家，就會對著家人發洩，絞盡腦汁，不斷地想，往壞的地方想時，心中的擔憂更劇烈。那時還不懂「意識」是什麼，不了解這樣就是在「創造」。

為了要處理心裡面不斷冒出來的負面情緒和感受，就會開始採取行動，可能是大吃大喝，約朋友出來抱怨宣洩，或是悶在家裡把自己關起來；同時認為事情真的就會朝不好的方向發展，所以就事先做最壞的打算與準備，一邊想著，這時候要是有奇蹟出現就好了，當然奇蹟並沒有經常來找我。這樣的循環，其實認真觀察起來，幾乎占了一半以上的比例。我總是用這樣的方式在處理，也覺得這是理所當然的處理方式與態度，我沒有錯，盡了全力，但是結果就是這樣，我也沒有辦法……

就算自己是心靈課程的帶領者，課堂之外，我就像大多數的人一樣，對外的反應和內在的運作模式大同小異；如果有不同，那就是這個過程不會太長，我很快就會回到自己的中心點，扭轉的機會出現，我能做出不同的選擇與決定。

當我理解了意識是什麼，以及創造的路徑與法則之後，我再回來審視自己的內在模式時，完完全全地嚇呆了！再加上有點修煉的資歷，顯化的速度可能一瞬間就會定型了。天啊！我是自己的創造者，卻不知道自己一直在創造不想要的事實出來！這怎麼可以，要怎麼辦？……呵呵，情緒和感受，一定要搞懂才行，頭腦裡的慣性也要摸清楚。我的人生，我做主；我的未來，我創造。

我的心裡面開始想：這句話有點奇怪，思考不是頭腦的工作，為什麼我會說是心裡面在想？那什麼時候是頭腦在思考？

「我覺得」，「我認為」，「我想」，這幾個關鍵字讓我發現了心和頭腦的分界。原來如此：從身體部位由上到下，思考時，我能感覺到想法在頭的部分；來自心裡的聲音，則是位於胸口的部分。所以當我用心在思考時，是由心裡面的感受在帶動頭腦裡的思惟運作；若是單純由頭腦的邏輯思考，心裡面可能是靜止不動，而只有大腦在運作。我為了要搞懂心和頭腦，不斷地觀察自己。其實你也可以一起來試試，觀察自己看看，有沒有我所描述的那種感覺。

這不一定是對的或正確的，我所表達的是我對自己的運作和管理，在覺知和觀察中去發現自己，你有可能會跟我不一樣也說不定。對學習用意識創造的人來說，找到心和頭腦和諧運作的模式很重要，也可以說是內在與外在合一。

⊙使用頭腦，而不是被頭腦使用

經常有人問我：創造是不是心想事成？是不是祕密？是不是吸引力法則？是不是是……

當我們學習，多數人都知道要放空；

當我們學習，多數人都知道要去落實；
當我們學習，多數人都會用頭腦進行校對的方式。
如果你可以練習觀察自己一下，
在聽他人說話的時候，
觀察自己的頭腦有沒有在分析、判斷、下定義……
如果你發現到自己真的有在用頭腦，
那麼你又會發現，
自己其實根本沒有在聽對方說話，
而是在聽自己頭腦分析出來的聲音。
你聽到的不是對方想要表達的內容，
是你自己沒有聽完就做出來的判斷和結果。

再更一步，如果你一直以來都是如此，
那麼你過去所知道的大多數事情的真實情況，
有絕大部分也都是自己編造出來的結論。
學習更是如此，

你是在校對老師說的跟你知道的有沒有一樣。
你沒有在學習，你只是在做校對的工作，
因為你腦袋裡都是舊的資料在跑，
新的內容被你的頭腦拿來做分析和判斷。
於是你所有的過程都很忙，忙著用舊資料來確認。
然而你之所以去學習，就是希望能學到新的學問，
結果頭腦的校對作用讓你無論學了多少東西都還是停在原點。

你可以加長「觀察自己頭腦」的時間，
就會發現到更多事實的真相。
你的頭腦一直在幫你做選擇，
你的頭腦一直在控制你的人生，
你的頭腦一直在使用你的生命。
而你呢？是被頭腦控制的機器人。
所以，從你的頭腦裡覺醒。
你抽離出來，成為觀察者，

你就能離開那個掌控。

我想這是很多人的習慣。當我們進去頭腦的世界裡時，就跟現實的世界分離，也就是沒有處在當下，身體像化石一樣在這裡，然後就出去神遊了；等到回神，不知道這裡過了多久，這一段時間，這個世界對我們來說是空白的，不知道這裡發生了什麼事。沒有觀察著自己，是不會發現我所說的這個現象。至於自己神遊到哪裡，同樣的要有記憶才知道，否則是兩頭空，完全的空白。

合理的世界裡不可能有奇蹟，只有我從合理的世界裡離開，才能得到其他的可能性。在我允許的範圍內，我所渴望的事物，也許要有奇蹟才能實現。這意謂著我要放開合理的要求與期盼，收下「必須」和「應該」，放掉「不過」、「假如」、「也許」、「但是」、「萬一」，在心裡面打開一個自由的空間，承載奇蹟的到來。

學習觀察自己在日常生活中，經常說出來的話，習慣性的口頭禪，有沒有一直會重覆的字詞？記錄下來，那是頭腦慣性的模式，也是控制住我們的按鈕，找到就可以解開，解開就有機會脫離。

我們一閃神就又失去了自己，一不留神就又迷失了方向。學會使用頭腦，而不是被頭腦使用；了解頭腦的功能，然後當頭腦的主人。當我們觀察到頭腦無時無刻都在運轉，就會了解這有多麼嚴重，因為一直以來，一直以來……都是這樣過日子的。「醒過來，醒過來，」我跟自己這樣說：「從幻象中醒過來。」這是覺醒，當我們保持在頭腦的世界之外，就會自然而然地回到自己本來的居所。

一切就只是那麼簡單。
你醒著，一直醒著，
那麼就是全然的覺醒。
你看懂自己被頭腦的思想擺弄，
你看見自己到目前為止的頭腦傑作。
你找到通往另一個世界的門，
即使，你沒有任何修煉的經驗或基礎，
你仍能很快速地從這個層次覺醒。
只要你開始這樣做……觀察自己的頭腦在做什麼？
給你自己一百天，你會完全成了另一個人。

⊙關於創造的思考

高我的教導很多，我節錄了一部分在這個章節裡。下面是高我談「關於創造」的內容，希望能帶給大家另一個思惟的視角，共同成長。

☆實現夢想

對一個夢想的實現，

你是否清楚需要付出多少代價？

人的頭腦都知道夢想需要努力、認真，

人的頭腦都知道實現夢想一定會遇到挑戰、困難，

人的頭腦卻不知道夢想的價值有多少？

當你想要一幢房子，你用數字去算：

收入多少？利息多少？

需要多少年才能存夠一筆錢？

需要工作多久才能還完貸款？

這裡面有一個重要的因素你並不會考慮進去：

你的人生是否一定如你所想的那樣，
固定的收入，
固定的工作，
固定的健康，
固定的想法……

一個夢想，建立在一成不變的基礎上才能實現的話，
你可能需要面對的不是金錢的問題，
而是你能否完全掌握自己未來的人生。
無論你是否擁有著夢想，
你的人生都會一直前進，
所以你最好把夢想建立在對生命最大程度的渴望上，
那些華麗耀眼的功成名就，
不是你需要去追求的，
而是你本來就會得到的後果。
當你實現對生命最大程度的渴望時，

除了頭腦可以想得到的那些，
你還會經驗到超乎你自己想像之外的生命樣貌。

就你對自己最大限度的想像，
你能成為一個什麼樣的人？
當你開始了解到那個極限，
再看看自己的心裡是否能產生一種動力想要去經驗到。
如果可以的話，恭喜你，
你會需要激發出生命的力量，讓你可踏出第一步。
每晚回到「為什麼出發」的原點觀察自己，
持續著這樣做，直到你實現了。
這過程裡，無論遇到什麼挑戰或困難，
你都要回到原點再看一次自己有沒有遺忘了。

☆你一直在創造

你大概沒有想過，
要運用創造來實現心目中想要的未來。
在多數人的生活裡，
甚至是連想都不會想到的一個名詞，
但是在最近，「創造」這兩個字頻繁的出現，
在你的身邊經常出現這兩個字，
代表你已經接近創造的頻率了。

對於創造，你可能陌生；
同樣的，
對於創造，你卻不是生手，
你一直在創造。
到目前為止，
你所有人生的一切都是由你自己創造的，

只是你不了解自己，
你不清楚自己是多重頻率的存在，
你被眼睛看到的自己設限住了，
所以你無法想像那個更不可思議的自己是真的存在。

當你聽到人們說高我，你不知道那是什麼。
在你最深層的認知裡，
高我像是某個新名詞的高靈或是神。
愈多人說著高我，聽著聽著以為自己懂了。
然而，高我還是跟你沒有很直接具體的接觸。
高我，只要你願意把自己每天腦海裡出現的想法記錄下來，
用觀察者記錄，不是用頭腦思考，
你就會發現自己一大堆的想法裡面，
夾雜著某些感覺起來不熟悉的思惟。
你可能還會認為那些是不切實際的，
或是覺得只是想一想就好，是不可能的事……

對於你的反應來說，
正好就可以證明那就是你的「高我」。

「高我」是你不熟悉而且陌生的自己，
「高我」存在的目的是在擴展你的自我，
「高我」會用你不熟悉的方式來讓你達成願望，
「高我」是你心目中最滿意的自己，
「高我」會用你想像不到的路徑和方法來讓你成長。
但是高我不會安慰你，
高我也不是來給予你情感慰藉的對象。
當你跟高我開始連結，
你會用很快的速度向原來的自己說再見，
然後一個全新的你誕生。
高我是更高意識頻率的存在，
所以第一個改變就是從你的思想層面上做翻轉，
因此你看世界的角度、看人的態度、看事情的面向都會完全不一樣，絕不會有一個人在連結高我之後，人生沒有起巨大變化的。

☆尋找高我

如果你渴望轉變，
如果你渴望更好，
如果你存在夢想，
如果你想快速成長，
如果你願意接受改變，
如果你無路可走，
那麼你連結高我的時機就是現在。

拿起筆來記錄你自己腦海裡、內心裡出現的想法和感受，
然後回頭去找、去發現，
看看你的高我隱藏在哪個角落裡，
看看你更高意識頻率的存在如何被眾多雜亂無章的思想淹蓋住，

看看你已經失去多少可以跟高我連結的機會，
看看你忽視高我的訊息多久了。
現在，就這樣做吧！
當你開始跟自己內在最高意識頻率連結後，
你過去的思惟一點一滴離開你，
你能夠快速地用另一種眼光看過去的自己。
當這個時刻發生，
你已經在新的頻率中了。
只是你仍舊會被自己眼中的世界欺騙，
你專注在表象的環境，而不是在你的裡面。
即使你的頭腦早已經知道外面是由裡面創造出來的，
你還是被自己的雙眼朦騙了，
然後又把自己帶回過去。
就是因為這來來回回的拉扯，
你看不到外面世界的轉變，以為自己仍在原地，
事實上你曾短暫的到達新頻率中。

假如你專注在自己對自己的看法，
假如你專注的是自己裡面的變化，
那麼你很自然地就會隨著這個變化前進，
然後更有意識覺知的看到自己是如何變得不同。
你根本不會去在意外面怎麼了，
因為那是發生在一瞬間的變化，
在你還來不及辨識是從哪裡產生的，
你已經在新的平行世界裡了。

你外面的世界永遠都是由你的裡面產生出來的，
就像你必須待在媽媽的子宮裡成長，
才能出生在這個世界一樣的道理。
你專注的地方就是你施展力量之處，
你專注的層面就是你生存之地，
你專注的力量會鎖住那個現實，
無論那個現實是在外面還是裡面。

現在你明白這個運作的真相，你可以選擇了。
用什麼方式過什麼樣的生活，
創造出什麼樣的人生，
都在你自己身上。

☆你的昨天、今天、明天

你的明天是被什麼決定？
是你過去的經驗，
是你現在的想法，
是你心中的創痛，
是你靈魂的渴望，
是你單純想體驗的意圖。
你可以為你的明天做什麼？
你可以擔憂，你可以為擔憂準備，
你可以為準備行動，你可以為行動而經驗。

你是自己生命的主人，
你的明天由今天創造，
你的今天來自昨天的延續。
你的一切在瞬間可以歸零，也可以完整。
你的明天可以是結論，也可以是過程。
你能為自己的明天做什麼？
你曾為自己的今天做什麼？
你己為自己的昨天做什麼？

☆自己的世界

沒有經驗全世界，就以為自己知道全世界。
這是一種盲目，對自己、對生命、對他人的藐視。
你知道的不一定是全部，如同他人知道的也不一定是全部。
你知道的一定只是自己以為的全部，
如同他人知道的也只是他所以為的全部。

即使你已經擁有比他人更多的人生經驗，
那也並不表示你完全經驗了他人的所有。
就如今的你已然知道一切的話，
那麼你接下來的人生是可惜的，
因為再也沒有能激起你力量的事物。
就如今的你不全然知道所有，
那麼你一定能充滿喜悅地迎接未來，
因為任何小事都能讓你產生好奇，
進而再去獲取不同的體驗。

自大讓你縮小世界，
謙卑讓你擴展世界，
自責讓你醜化世界，
自傲讓你摧毀世界，
自信讓你創造世界，
學習讓你美化世界。

你是創造自己世界的人，
但是你無法創造他人的命運。

地球，是無數人的世界組成的，
所以你首先要創造出自己的世界，
然後跟其他人的世界結合在一起，
最後才有可能環遊世界。

☆時間是生命的交通工具

時空的存在是一種資源，
就像你們將電腦的記憶體做切割以便運作不同的程式一般，
那並不代表或意謂著什麼，
只是一種將檔案分類儲存的位置和方式而已。

當你漸漸明白，

所有事物在形成之前，
是完全不帶有故事和情感的振動，
而你是賦予那個故事和情感振動的創造者，
即使包含你心目中認為的神、天使……亦是如此；
你就會了解更高頻率的冷靜並不是無情或冷血，
而是使用這個能量者所展現出來的樣貌而已。
也就是說，
當你意圖解開生命之謎的時候，
你已經進入由自己創造的故事裡了。
你想要探索和經驗的目的，
存在於某個空間中，
時間只是生命用來到達這些空間的交通工具。
要找到那個真相，
只有當你從故事和情感的世界中走出來，
你才會看見，事物的本質只是振動的能量而已。

☆意識能量與創造

信念是意識裡的一部分，
恐懼是意識裡的一部分，
期待是意識裡的一部分，
擔心是意識裡的一部分，
喜悅是意識裡的一部分……
當你設定了一個目標，
你是否明白自己跟那個目標之間的關係？
這裡面隱藏了多少舊有的情感和記憶？
你放了什麼樣的意識能量進去，
你就用什麼樣的方式在經驗。
為什麼要讓自己變得單純，
為什麼要練習讓頭腦放空，
為什麼要鍛鍊正面的思惟，
為什麼要不斷地訓練信任，

為什麼要拋棄舊有的記憶，
為什麼要去除受害者情結，
為什麼要接受原來的樣貌。
現在你知道了嗎？
是為了要讓你進入創造層次之後，
能夠完完全全地體驗到你所「是」的一切。

☆壯養靈魂的精神體

經過長長長長的鍛鍊，
從人性、情緒、感受……到外在物質、現實的旅程，
去除舊有的信念，然後建立新的價值體系。
累積至今，你的靈魂已然具備了豐富的真理與智慧，
匯聚成現今你的中心思想所顯現出來的樣貌。
你走了不算短的道路，總算把自己找齊了。

現在你繼續往前邁進，用自己的意識能量創造。
就在你從設定好的靈魂課業畢業之際，
你的靈魂開始有內容、有素材可以壯大那股內在的力量，
我們稱這股力量為精神體。
精神體是整合靈魂曾有的經驗，
轉換成智慧於你之中，
透過高我的頻率重新組合而成的高頻率存有。
精神體不需要物質身體即可展現出力量，
當你的意念送出，
精神體能發揮出物質身體相同的效能和作用，
即使你的人不在場，你的精神體仍能運作，
有人稱為分身或出體。
這是一股超乎你想像的意志力，
只有意志力能壯養並安住精神體的存在，
並非透過你的頭腦去想像就能達成。

也許現在的你會認為這是特異功能，
事實上是每個生命體本來就具備的本能之一。
條件是你必須經過一階又一階的學習，
就像從小學到大學到博士那樣，
是需要相當堅定的信念和意志力方能作到，
也是達致創造層次的人接下來要走的旅程。

☆用創造取代療癒

或許你覺得自己尚有不完整之處，所以你在尋找。
尋找什麼？說不上來是什麼？
只是心裡總有個感覺，覺得應該不只如此……

從靈性的旅程畢業，再從物質世界開始。
行使「創造」的本能，
並不是要等你的一切都圓滿時，你才算完成課業。

事實上，創造也是你的課業之一。
當你行使創造的法則時，你的靈魂才會真正感覺到完整，
因為你已經不再餵食同樣的經驗感受給靈魂，
你的靈魂需要不同的經驗值來提升，
從那深深深的靈魂深處有個渴望，
我要藉由這次的生命旅程獲得更不同的體驗。
你的生活也許安定，你從事著熟悉滿意的工作，
內心覺得自己的生命很有價值，
一切看起來已然接近自己多年前曾想望的。
既然如此，
為何內心底還會發出一種不滿足的意味呢？

「生命」是一條沒有真正盡頭的旅途，
無論你是以何種形式存在，
未知，是永遠不會消滅的。
於是，靈魂對未知的渴望讓生命不斷延續。

你的安定是短暫的，你的熟悉也會是短暫的。
向未知前進，探索更多更多不同的經驗，
是靈魂也是生命最終的目的。
只有在你走進創造的領域，
你才會明白自己有多麼完整。
用創造來體驗自身內在的豐盛，
用創造來豐盛自己人生的經驗。
此時此刻，為你自己這樣做。

所有發生的事都是好事，
都是為了粹煉你的靈魂、累積你的智慧。
如果你明白這個道理，
那麼有何事是為了傷害你而存在呢？
你在清理自己的同時，
記得用新的思惟與能量來填補那多出來的空間，
讓新的自己誕生。

學會創造的法則，
你已然圓滿，無需再療癒！

感謝劇本的安排，
所有的劇本都經過非常細緻的產生過程。
要在恰當的時機發生什麼事，
如果沒有相當精準的安排和規畫，
不可能讓每件事都帶著禮物而來。
有時候表面看起來事情糟透了，
埋怨老天為什麼讓這樣的事發生在自己身上，
卻沒有想到過，創造這件事發生需要多麼用心，
只為了要讓你因為這件事而學習到更多。
有絕大部分的人都帶著受害者情結在經驗人生，
遇到任何事都先入為主地往壞的、負面的方向想，
看不到一件事發生後帶來的改變，
也許是夢想實現的契機，

也許是開始變好的轉機，
也許是扭轉人生的時機。
一切的一切都為你而存在，
因為你的存在而有意義。

當你著急地尋找解決的辦法時，
停下來想一想、看一看，
假如沒有發生一些變化，
可能很多事情一輩子都只能這樣而已。
經過那麼多努力，
如果只是為了回復到不好不壞的狀態，
那麼又何必要讓你懂得如何創造呢？
正在為自己的人生尋找突破瓶頸的人，
你需要的就是發生一些事。
那些事會讓你義無反顧地往前衝，
那些事會讓你沒有機會停下腳步，

那些事會讓你完全沒有退路。
感謝那些事的發生，
感謝那些事帶給你機會，
感謝那些事讓你看見自己真正的能耐，
感謝那些事刺激你只許成功不許失敗，
感謝為你創造那些事發生的自己。

☆主動創造改變

完全覺醒之後，
要是有機會可以成為另一個角色，
那麼我們會如何選擇呢？
會先從「身分」、「地位」、「工作」……開始呢？
有沒有想過，當你的覺知完全醒了，
可能就會是自己下一個生命體的導演，
能為自己創造接下來要經歷的劇本和課題。

給自己一個機會去思索這個問題看看，
就能進一步明白內心深處的渴望是什麼了！

放目標是在主動創造改變，
也就是從現在的狀態移動到你想要的狀態中。
所以放目標時，也就允許了改變的發生。
我們要有心理準備迎接變化的來臨，
無論表面看起來「變動」是好或壞，
信任高我，
信任發生，
保持覺知地觀察自己對變化產生什麼樣的情感。
這些是像奇蹟般珍貴的紀錄，
寫下來寫下來，
有一天你就會感謝自己做了這些事，
自己是引起改變的創造者。

在你與高我連結之後，
假如生活起了巨大的改變，
那就證明高我已經開始工作了。
別把改變的出現當成不好的事，
或許那正是目標顯化的過程。

· 創造者的品德與格局

當你開始學習運用宇宙法則創造未來時，必須了解一個真相：你是創造者，同時也是被創造者，這樣才能在利人利他利己的層次發生。一個夢想被實現，絕不會只有一個人參與在其中，任何相關聯的人事物都有其功能，也有存在的價值與意義。

信任，是創造者必定要擁有的品德，信任會為你帶來值得的人事物，與你內在頻率相對等的資源；當你不信任自己時，你是無法將信任給出去的。發生在你面前的事，如果沒有經由你的創造，不會發生。當你是個創造者時，這是你對物質世界的基本態度。

許多人抱著懷疑，最終回到頭腦的慣性判斷裡，用自己依賴的舊模式行事。這個選擇就是答案，也是真實的示現。

創造，並非沒有困難，一直以來，困難和阻礙也都是由你的思惟創造出來的。你想得很簡單，事情就不容易困難；當事情出現困難的時候，往往是來自你的潛意識，而不是頭腦的表面。你在創造的過程經驗自己的信念，舊的和新的都會出現在你到達夢想的道路上。

同樣的，當你覺得自己沒想那麼多，為何還是出現一大堆想不到的事情來阻礙你前進？沒有想那麼多，不代表你的想法是單純的，在你面對困難與挑戰的時候，就知道自己是否真的沒有想那麼多，否則這些事發生對你而言，也就沒有什麼好想的，不是嗎？

你的信任帶出你的格局，那是相對的。當你無法信任自己的創造時，再大的理想和願望也是有限，因為偉大的夢想絕對不是由你一個人自己完成；當「懷疑」出現在團隊或合作關係中，就無法長久走下去。只有在你的信任裡，生命的價值與意義才能不斷延展與提升；在信任的基礎下，你的創造才能真正造福人群！

當你的生活出現了空白，就表示創造停止了。你的接下來要由自己來創造，「自然發生」是在你的「創造」之後，只有當你為自己制定了想要體驗的事項，一切才會自然發生。渴望是那個「自然」，你的創造是那個「發生」。

無常的人生是機會，而非意外；「隨緣」是在你為自己的夢想盡心盡力之後的人生態度。你的生命絕不是為了體驗無常和隨緣而來。生命的樣貌裡，無常指的是起起伏伏；

生命的態度裡，隨緣是指你的盡力而為面對的心態。

創造是一個連續性的動作，並且永遠不會停止。人們對於已經實現了的目標，就只是停在「實現了」這個階段，沒有想過這只是開始，而非結束！

改變需要被延續下去，就像你的生活必須持續前進，創造當然也是如此。當你設定了一個目標進入量子場後，你的人生不會只是一個目標而已，相對的，其他的部分也同時會受到影響。就像工作會影響收入，收入會影響計畫和生活……這是一個整體。當你的創造停止，你的生活就會進入空白，沒了目標；特別是當你已經透過創造脫離了舊有的劇本之後，未來的人生都在你的設定裡。

【系統】裡已經有為數不少的人進入這個階段，每天都無憂無慮的；一段期間過後，會發現自己失去了熱情，也沒了動力。相較之前為了逃離痛苦、解決困境時候的自己，反而更沒有生命力了！為什麼會如此？

人，總以為一切都順利就會幸福，以為沒有了挑戰就會快樂，真相卻是：當幸福來得容易，就達不到幸福的層次；當挑戰不再來，生命的存在價值與意義也隨之消失，因為當你沒了挑戰，你的成就感也會同時蕩然無存。

進入創造層次的人，應該會對我所言有極大的共鳴，是吧！你的連續劇要自己來寫。不喜歡八點檔，就來個勵志篇；不鍾情於偶像劇，就來個冒險克難……你的生命之手會創造出什麼樣的劇碼來讓你自己體驗？不要忘了去創造，更不要害怕去創造，給自己來些更不一樣的生活，經歷不曾有過的人生，這是擁有創造力的人可以實現的。勇敢地創造吧！

後記

與高我同行，跟著我們一起用心創造，高我對【系統】的教導，深入到我與團隊的骨子裡。學習者在參與系統的鍛鍊後，開始與高我連結，我們之前經歷的每個階段，累積了相當多的經驗，為現在投入學習的人們，開出一條筆直的道路，讓這些成為創造者的新生兒，可以勇往向前，縮短摸索的時間。

面對快速變動的環境，人們需要一個全新的生命形式。在台灣，在海外，我們齊聚【系統】裡的學員們，把創造的力量從世界各地結合起來，運用意識的能量，建構理想的現實世界。這麼多年來，我們從心靈成長，轉換到意識創造，為提升人類集體意識而努力。能有緣誕生在這個蛻變的時代，是相當不容易的，請把握時機，讓靈魂可以體驗到「為自己創造」的劇本。

在創造的國度裡，正有一大群學習著怎麼使用魔法棒的新生兒。為了要讓更多人學會創造，我們不斷舉辦很多活動，希望有志一同、想投入意識創造的朋友們，能有更多機會接觸到【系統】。

二〇一八年是地球很重要的一年，因為集體意識的頻率第一次到達新舊頻率對等的階段。很多即將進入全新頻率的人，會遭受到舊物質能量消逝的挑戰；反應在現實世界，很直接的就是資源的緊縮，對台灣來說更是。為了讓這個波動的負面影響能夠漸漸緩和，二〇一八年十一月八日，我們在台北小巨蛋有一場「萬人靜心，以樹傳愛」的盛大活動，是【人類新操作系統】的學員們共同創造出來，為二〇一八年這一個新舊頻率翻轉的年度盡一份力量。

二〇一七年十一月八日，一場「美麗心靈，小樹傳愛」活動，悄悄在台北小巨蛋展開，發起人 Dammy 希望透過「小樹傳愛」方式，串起一千萬人的愛來祝福台灣。他們從台灣出發，進入中國、香港，經馬來西亞、新加坡，經半年努力，活動獲得各界響應與媒體報導。這場民間發起的活動，從單純的傳播善念，意外變成一場成功的國民外交。「小樹傳愛」在國際間迴響流動，這群可愛的志工，二〇一八年六月十二日獲得外交部次長接見鼓勵。「小樹傳愛」匯聚的祝福能量，將在二〇一八年十一月八日進入台北小巨蛋，轉化成愛、豐盛、喜悅的萬人嘉年華會。

小樹進入台北小巨蛋，將在舞台上長成七顆大樹，把七棵樹的能量轉化成七個主題故事：菩提樹與佛學、蘋果樹與科學、銀杏樹與健康、鳳凰樹與希望、龍柏樹與文明、茶樹與文化、沉香樹與心靈。透過音樂、舞蹈、樂器、唱頌，將人文根本與天地自然連結，將現代藝術與古典靜心合一，成為空前盛大的萬人靜心同頻共振的心靈饗宴。二〇一八年十一月八日，讓我們相約台北小巨蛋，種下一萬個美麗的希望。

本書即將出版之際，我們剛剛完成了杜拜的豐盛意識之旅回來；跟著新書的出版，七月份我們舉辦海內外青少年微電影創造營，讓孩子提早建立更高的視角，學習用導演的觀點創造自己想要的人生。緊接著七月底，我們與學員們出發到英國自助行，跟著高我去冒險，實際體驗到意識提升與生活結合在一起的真實樣貌。用各種走出教室的活動，來讓更多人體驗高我。

沒有海外行程的期間，台灣、新馬地區和中國，仍會有例行的「原造力」課程安排，許多在台灣的朋友們，總會珍惜每一次開課學習的機會。

我們的世界是集體意識顯現出來的，從個人的角度出發成就夢想，也是意識的顯化。成功者是不落人後的，等著看別人成功才願意嘗試的人，只能走在成功者的後面，卻不一定會成功，因為猶豫和害怕改變，是失敗者的特質。

下半年所有活動的相關資訊，可以密切關注我們臉書的粉絲頁及Line@。祝願所有人的創造力在高我的教導下，能為人類帶來美麗的量子跳躍。

FB 粉絲頁：「高我的世界」

FB 粉絲頁：「人類新操作系統與讀者對話」

FB 粉絲頁：「新愛行／活力金礦」

荻和國際有限公司官網：www.dear-hi.com.tw

人類新操作系統 Line@ ID：@wea5349b

國家圖書館出版品預行編目 (CIP) 資料

你的內在其實很強大：人類新操作系統 . 3, 與高我一同創造未來 / 鍾荃因著 . -- 初版 . -- 臺北市：商周出版：家庭傳媒城邦分公司發行 , 2018.07
面；　公分
ISBN 978-986-477-504-0(平裝)

1. 成功法 2. 直覺 3. 自我實現

177.2　　107010953

你的內在其實很強大

人類新操作系統 3—與高我一同創造未來

作　　者　鍾荃因 Doris
企劃選書
責任編輯　徐藍萍

版　　權　翁靜如、吳亭儀
行銷業務　王瑜、闕睿甫
總 編 輯　徐藍萍
總 經 理　彭之琬
發 行 人　何飛鵬
法律顧問　元禾法律事務所王子文律師
出　　版　商周出版　台北市 104 民生東路二段 141 號 9 樓
電話：(02) 25007008　傳真：(02)25007759
E-mail：ct-bwp@cite.com.tw　Blog：http://bwp25007008.pixnet.net/blog
發　　行　英屬蓋曼群島商家庭傳媒股份有限公司城邦分公司
台北市中山區民生東路二段 141 號 2 樓
書虫客服服務專線：02-25007718　02-25007719
24 小時傳真服務：02-25001990　02-25001991
服務時間：週一至週五 9:30-12:00　13:30-17:00
劃撥帳號：19863813　戶名：書虫股份有限公司
讀者服務信箱 E-mail：service@readingclub.com.tw
香港發行所　城邦（香港）出版集團有限公司　香港灣仔駱克道 193 號東超商業中心 1 樓
E-mail: hkcite@biznetvigator.com　電話：(852)25086231　傳真：(852)25789337
馬新發行所　城邦（馬新）出版集團 Cite (M) Sdn Bhd
41, Jalan Radin Anum, Bandar Baru Sri Petaling, 57000 Kuala Lumpur, Malaysia.
Tel: (603) 90578822　Fax: (603) 90576622　Email: cite@cite.com.my

封面設計　張燕儀
印　　刷　卡樂彩色製版印刷有限公司
總 經 銷　聯合發行股份有限公司　新北市 231 新店區寶橋路 235 巷 6 弄 6 號 2 樓
電話：(02) 2917-8022　傳真：(02) 2911-0053

■2018 年 7 月 19 日初版
■2021 年 6 月 24 日初版 5 刷
定價 300 元

城邦讀書花園
www.cite.com.tw

Printed in Taiwan

　ISBN 978-986-477-504-0